Le Péril Suprême

L'École Laïque

Par un vieux Lutteur

bon Français

GAP

IMPRIMERIE & LIBRAIRIE ALPINES, RUE CARNOT, 13

1910

Le Péril Suprême

L'École Laïque

Le Péril Suprême

L'École Laïque

Par un vieux Lutteur

bon Français

GAP

IMPRIMERIE & LIBRAIRIE ALPINES, RUE CARNOT, 13

1910

AVANT-PROPOS

Voltaire disait :
« Autant voudrait être gouvernés par
« des *furies* de l'enfer ! que par
« des hommes sans *Religion ;* car,
« si ces hommes sans *Religion*
« avaient intérêt à nous faire piler
« dans un mortier, nous serions
« pilés dans un mortier... »
Le règne de ces hommes !
nous le subissous aujourd'hui·

On le dit tous les jours et on ne le croit pas encore
assez :

Trois dégoûtants personnages, — aux airs de Reine
de *Saba !* — quoique n'arrivant pas à valoir les « *vi-
dangeurs* » Louis XV ! — se disputent la *France !*
comme une proie qui leur appartient. Et ce n'est pas
seulement un lambeau du noble *corps* de la *grande
victime !* qu'ils réclament, sous l'ironique sourire du
valet de bourreau !... C'est le *corps* tout entier : son
âme, sa *fortune,* ses *enfants...* Ils sont trois... Tous
trois bien rentés ; mais toujours avides ! toujours gon-
flés de rancune et d'envie :

1º Le *diable !* lion rugissant qui guette son *âme*
(l'âme de la France !) pour l'entraîner en des régions
que je ne saurais dépeindre et l'y dévorer, comme un
butin fait sur Dieu !...

2⁰ Le *juif-vampire !* *lui* — le youtre — à la bouche tordue ! aux yeux allumés de rapines... le *juif*, qui, — pareil à des tentacules de pieuvre, — veut sa *moelle*, toute sa *moelle !* tout son *sang !*... pour le pomper, pour le sucer... jusqu'au fond des entrailles !...

3⁰ Enfin, le *Franc-maçon !* dont l'origine se confond avec celle des *sorciers* de l'an *Mille*... ou des *adorateurs* du diable de la cabale *juive*... Le *Franc-Maçon !* ce Judas à tout faire, sauf le bien ! ce *Judas*, qui baise la main du juif, — le bourreau du *Christ !* pour une poignée d'écus, que celui-ci lui jette avec dégoût ! en échange de l'âme des *enfants* de la France !...

Ils sont trois. « *Tres sunt* ». Mais les trois n'en font qu' « **Un** ». Et ce « **Un** » s'appelle : l' « *Ange des ruines !* » le « *Bloc* de la haine ! » *Celui-là* même qui, à cette heure et depuis bientôt 30 ans, crache tout le fiel de ses entrailles !... sur la *France chrétienne !!*

Leurs états de service... depuis qu'ils sont les maîtres ???

Ah ! ne m'obligez pas, intelligent lecteur, à ouvrir le *sac* aux viles besognes ! à passer sous vos yeux — une à une — toutes les *abominations* que ces gens-là font en cet endroit. La nausée nous monterait au cœur !

Il faudrait vous expliquer ce que c'est qu'un *crocheteur !* et qui joue ce rôle infâme !

Vous dire aussi, pourquoi, à cette heure, il serait plus avantageux, et surtout plus *sûr !* d'être rôdeur de barrières que gardien de la paix ! — fripon qu'honnête homme ! — Voyou que prêtre !...

Pourquoi des milliers d'humbles et modestes citoyens, dont le seul crime est de se consacrer aux bonnes œuvres et à la prière ! traînés hors de leurs cellules et jetés à la rue comme des *chiens !* par les argousins d'Hérode ! sont allés dire aux étrangers, — qu'en *France,* — sous la *République !* nous portions le deuil de la *justice* et de la *liberté !!*

Il faudrait rappeler encore toute cette longue série d'injustices criantes et manifestes, — de vols auda-cieux, — de spoliations sacrilèges, — d e lâches forfaits, — de crimes atroces, — de théories avilissantes, — de délations odieuses... sortis de ces « *trois têtes* » à l'envers, comme une lave empoisonnée ! — Les *morts* eux-mêmes n'ont pas trouvé grâce devant leur rapa-cité ! ! !

Mais, hélas ! ma main frémit, ma plume se brise, mon cœur se glace, mon âme s'indigne, le rouge me monte au visage, mes genoux battent d'effroi l'un con-tre l'autre... Au seul souvenir de tant d'iniquités com-mises... Vraiment ! l'*écroulement* est formidable !.. — Ah ! quel trou, quel trou !... la tête me tourne ! ! ! Non ! jamais, en si peu de temps, le *mal* n'avait exercé plus de puissance sur la terre ! Aussi, la crainte est partout et la sécurité nulle part. Les plus abusés, eux-mêmes, soucieux et inquiets, regardent l'avenir avec épouvante ! et chacun se demande, en tremblant: De-main ? — sera-ce la *mort* ou le *salut ??*

Ce qu'il faudrait...

Pour conjurer un cataclysme aussi proche que certain ! pour terminer l'infernal grabuge et remettre la *maison* en ordre ;

Il faudrait, — avant qu'arrive ce « *grand soir!* » annoncé par les *sociétés secrétes*, (sociétés inspirées par le *diable* et dirigées par les *juifs*), ce « *grand soir!* » qui doit envelopper de ses ombres ! et plonger dans le silence des tombeaux ! les « *ruines* » de ce pays qui a été la *France chrétienne!!*

Il faudrait... changer de *maîtres!* Et changer de *maî-tres:* C'est signifier son congé à *Barrabas!* ce voleur insigne, homme de *proie!*. — qui n'est entré dans la bergerie que pour égorger et détruire ; puis, enfin ! ramener le *Christ — Sauveur* et *Restaurateur*, partout ! d'où nour l'avons banni: dans nos lois, dans nos mœurs, dans nos écoles, dans notre vie publique tout entière... Car, c'est le témoignage des peuples et des siècles ; là où le Christ cesse de régner, l'enfer et ses suppôts prennent l'empire ! et le *pétrole* remplace *l'eau bénite!* C'est le règne des *scélérats!* dernière maxime de la formule anarchique: « *Le Royaume du Christ n'est pas de ce monde!* »

Changer de maîtres??? — pourquoi pas? — Cela dépend de nous. C'est une question de volonté ! Et il ne serait plus permis de nous plaindre, *demain!* si, ayant le droit et le moyen d'agir aujourd'hui, nous restions endormis sur le bord du gouffre entr'ouvert, comme ces hommes en léthargie, qui assistent, inconscients, aux apprêts de leurs funérailles ! ! !

Puissent donc ceux qui aiment encore la *France*, et qui voudraient la revoir, *grande, libre, chrétienne!*

sortir enfin de leur engourdissement funeste, bondir en un sursaut de colère ! et, se tournant vers la *sinistre caravane* d'où nous vient si grande misére ! Vers les *Judas Quinze-Mille ! ces pierrots, grands seigneurs* de là-bas ! leur crier : « Tas de blagueurs ! le *mal* que vous avez fait est immense... Le *bien* est nul. Il est « temps que cela finisse...

« Sautez, les Midas ! sautez ! et place à d'autres...
« Vous ne serez plus rois !!! »

Pour détruire l'ordre établi par Dieu dans le monde, SATAN a institué une association : « SATAN et Cie » et dont le nom avoué est « *Franc-Maçonnerie* ». Cette association, établie pour la destruction de l'ordre social et *chrétien*, compte actuellement dans le monde 160 mille ateliers de travail *satanique* dénommés « Loges », dans lesquelles son *grand Chef, Satan*, fait travailler contre la *société chrétienne*. Vingt sept millions d'hommes qui s'intitulent « *Francs Maçons* » et trois millions de femmes appellées : *Sœurs Maçonnes*. » Les caisses, dirigées par vingt-huit millions d'agents de *satanisation*, ont un actif annuel de trois milliards de francs. Les initiales francs-maçonniques sont : « D.·. S.·. ». Pour le Maçon vulgaire elles signifient : *Directoire Suprême* ; mais pour les hommes sérieux et les grades élevés ces deux lettres : « D.·.S.·. », qui jouent un si grand rôle depuis 200 ans, veulent bien clairement dire : « *Désorganisation Satanique* » de la *Famille*, de la *Nation*, de l'*Humanité*, représentée par les trois points qui les suivent.

Le Suprême Conseil de France compte sous son obédience cent mille maçons, répartis en sept cents *ateliers* (ou Loges) en pleine activité de *déchristianisation.*

Le régime républicain de la France est actuellement le domaine absolu de la *Franc-Maçonnerie,* ce qui permet à *Satan* d'imposer à la Nation la tyrannie du MAL par des voies légales, érigeant en axiome fondamental de son règne, ce blasphème : « *Le nombre prime le droit, la vérité, la justice.* » On pourrait le prouver par A plus B. Ce sont les Francs-Maçons eux-mêmes qui l'ont avoué par la bouche du député Colfavru, président du Grand Orient de France, en 1887 : « Nous sommes *deux cents* (Aujourd'hui *quatre cents*) « députés *Francs-Maçons* à la Chambre et notre in-« fluence y est considérable ; car, si nous sommes les « alliés les plus actifs de la République, nous sommes « aussi une *société secrète* agissant *secrètement* et dont « le rôle est de faire disparaître les croyances et les « superstitions... Nous voulons arracher l'avenir au « cléricalisme ; c'est pour cela que nous voulons que « l'enfant soit instruit par nous... Pour combattre « réellement les préjugés il ne faut donner aucune « *éducation religieuse* aux enfants ; car il en reste tou-« jours quelques traces, lorsqu'ils deviennent des hom-« mes et malgré qu'ils ne pratiquent pass... » (Extrait de l'*Histoire de la Franc-Maçonnerie,* par Paul Rosen, pages, IX, 3, 121, 123, 125, *passim*).

Le Péril Suprême

L'École Laïque

CHAPITRE PREMIER

Le Péril. — L'entreprise de la Franc-Maçonnerie juive

> « Le triste *Oiseau-Maçonnerie !* —
> sorti de l'*œuf juif,* couvé par le *diable !*
> — étend sur la France vaincue ! ses
> froides ailes de hibou ! comme un cou-
> vercle de marbre noir sur un tom-
> beau !!! »   (Le Rastaquère.)

Catholiques et Français, mes amis,

Ne vous bercez pas d'illusion qui vous seraient fu-
nestes : *l'heure de mal faire a sonné au cadran des
sociétés secrètes !*

Ceignez vos reins pour le combat !.. L'ennemi est
aux portes, haletant de fureur ! ivre de haine !.. Et
c'est l'antique guerre de Satan contre Dieu qu'il re-
commence avec un acharnement infernal !..

Mais, bon courage ! et confiance, quand même... Il
suffit de vouloir pour pouvoir.

La victoire appartient toujours aux troupes qui ne capitulent jamais ; aux soldats qui savent le mieux souffrir et se battre.

Debout donc ! et en avant ! malgré les sacrifices demandés, malgré les dangers, et jusqu'à la mort... debout ! dans l'union qui fait la force et donne la victoire .

C'est l'année de Jeanne,— la vierge guerrière ! Le triomphe peut se faire attendre ; mais il viendra, je le jure ! Et tout sera nôtre, si nous-mêmes nous sommes au *Christ !* parce que le *Christ* est à *Dieu* !!!

« Pour le moment, *(Francs-Maçons* et *juifs)* sont les
« *maîtres.* Et l'œuvre de destruction est tellement
« avancée, qu'humainement parlant, le succès définitif
« est aussi proche qu'assuré... Où est la force humaine
« qui pourrait lutter contre la Franc-Maçonnerie, maî-
« tresse du gouvernement, de la presse, de l'école ;
« et, — par le *juif,* — maîtresse de la finance... »

(R. P. Delaporte).

Eh oui ! je l'avoue à mon tour, moi aussi, — et presqu'en pleurant !.. L'ennemi s'est rendu « *maître* » de la place ; s'y est érigé en reflet du César antique, avec l'inscription : « *La force prime le droit,* » parce que les *sentinelles* n'ont pas été vigilantes ! et que les gardiens du camp n'ont point sonné de la trompette... Les *bêtes sauvages* sont entrées dans la bergerie ! dispersant, égorgeant le troupeau ! parce que les *houlettes* ont dormi leur sommeil ! et que leurs chiens sont restés muets....

Aussi, il y a péril en la demeure :

Péril! pour nos *foyers* et nos *croyances;*

Péril! pour nos *femmes* et nos *enfants;*

Péril! pour nos *libertés* les plus chères.

Comme au temps des Néron et des Dèce, invoquant tour à tour, et la liberté de l'onagre, et la fraternité du poignard et l'égalité de la bête !..

Les *ouvriers bûcherons* de la *libre-pensée,* les pieds dans la boue, la haine au cœur, les droits de l'homme à la main, ont juré d'abattre le vieux *Chêne catholique,* planté par nos pères, ces héros tombés dans l'honneur de la sublime devise : *Dieu et patrie!*

Mais, parce que les efforts tentés par l'impie disparu ont été impuissants à renverser le *Colosse!* toujours debout! sur le gouffre qui a dévoré ses insulteurs de dix-neuf siècles...

Que les coups de pioche, les coups de sabre.., la faim, l'exil, les crachats, les soufflets, les larmes, le sang !... n'ont servi qu'à rendre ses rameaux plus vigoureux et à prouver l'invincible vitalité de ce qu'on veut faire périr.., (1)

Pris d'une rage soudaine et brûlant du désir d'écraser l'*Infâme!* à l'imitation des sauvages! ils se sont dit, — ces rusés démolisseurs, — ils se sont dit que pour réussir cette fois dans l'entreprise! pour coucher dans la fosse commune cet *Antique guer-*

______

(1) « Ce sont les despotes maladroits qui se servent de bayonnettes. L'art de la vraie tyrannie est de faire la même chose avec des juges. » (Camille Desmoulins). C'est le système pratiqué par nos persécuteurs d'aujourd'hui.

rier! qui s'appelle *l'Église militante!..* il n'y avait qu'un moyen possible.., efficace:

Couper l'arbre par le pied !

Et, — *couper l'arbre par le pied,* — c'est éteindre le flambeau de la foi dans l'âme des générations naissantes, c'est faire de l'enfant d'un chrétien un petit *sans Dieu!* — c'est râcler de son front le sceau divin du baptême, pour le marquer du signe honteux de la bête ! ! !

Couper l'arbre par le pied !..

C'est encore s'emparer de la *femme* réhabilitée du christianisme et enrichie de ses dons.., la pervertir, la corrompre... En faire, je l'avoue en rougissant en faire une victime hébêtée, avilie, dévoyée: une *marchandise* à vendre et à prêter, une *chair* à chiffons et à plaisir bas....

Tel est le but indiqué par la chanson programme du F. Charles Bernard, le Benjamin des Loges:

> « Pour écraser l'*Infâme* !
> « Qui se croit triomphant,
> « Arrachons-lui la *femme,*
> « Enlevons-lui l'*enfant* ! ! !

« Si nous voulons abatre le *catholicisme,* écrivait l'impie Vindicé à Nubius, il faut commencer par supprimer la *femme...* Mais, parce que nous ne pouvons pas la supprimer, *corrompons-la...* Au théâtre, au café, dans les soirées.., partout! travaillons à cette œuvre sacro-sainte. » Et, concluent les Maçons de la loge de Montélimar (1882), en rongeant un lambeau de vieille soutane ! « Quand nous aurons arraché nos *femmes* aux griffes de ces prétendus représentants de Dieu sur la terre ! nos fils, affranchis, deviendront de bons, de purs citoyens de l'avenir... des républicains *numéro un*... » La scélératesse humaine est bien toujours la même !

L'agent exécuteur de l'entreprise de déchristianisation.

L'AGENT exécuteur de l'œuvre de *déchristianisation*, d'origine presque à faire rougir un singe ! s'appelle : *Bloc... Légion... Quinze-Mille...*

D'après la conviction générale, une *fée hostile* semble l'avoir *maléficié* à sa naissance et son histoire peut s'écrire en quelques mots :

Il est éclos, — sous l'incube du *démon*, — d'œuf *juif* et de taupe *maçonnique*, sur la pourriture des *Nouvelles couches* (1), si chères au vieil enchanteur Gambetta (1), le fougueux tribun de Romans, qui, le premier

(1) Les nouvelles couches se composaient de beaucoup de Juifs et d'un appoint considérable de Francs-Maçons ; et, en plus, d'un certain nombre de politiciens plus ou moins véreux, types : Constans, Tirard, Cazot, Ranc, Tibaudiu, Ferry...

(1) Drumont raconte que des Juifs vinrent, un soir, trouver Gambetta et lui dirent : Nous, *Juifs*, nous vous promettons le pouvoir, si vous, *Francs-Maçons*, vous nous promettez : des affaires à brasser, la persécution religieuse, l'enlèvement des crucifix des écoles, l'expulsion des religieuses... Le pacte fut conclu avec les Juifs, le jour où Gambetta promit la *persécution* religieuse par ce mot : Le *Cléricalisme, c'est l'ennemi* ! Ajoutons que les Juifs ne prirent Gambetta sous leur protection que parce que, à son titre de *Franc-Maçon*, ils joignit celui de *Juif* allemand.

du haut d'un balcon, après boire, grisé par le hasard des évènements, jeta, — au nom des *Loges*, — ce cri de guerre contre l'*Eglise !* cri, qui fit de lui presque un roi :

« *Le cléricalisme, c'est l'ennemi !* »

Comme ses *générateurs forains*, l'*Agent louveteau* n'existe que pour combattre l'Eglise et arriver à l'*athéisme* pur et simple... Il est essentiellement *anti-chrétien !* — juif et Franc-Maçon jusqu'au fond des entrailles : deux têtes sous le même bonnet et de ressemblance telle qu'une vieille chatte ne reconnaîtrait plus son petit...

Et « il ne faut, certes, pas beaucoup de perspicacité, écrit l'érudit A. Davin, « pour reconnaître que la « Franc-Maçonnerie est bien d'origine toute judaïque ; « que les juifs, dont on retrouve la main, dans toutes « les sectes chrétiennes, ne cessent de nous apparaître « comme les premiers et les plus indomptables meneurs « de la Franc-Maçonnerie, la poussant, directement ou « indirectement, à détruire notre religion. » (1)

Ainsi — entre parenthèse — s'agit-il de guerroyer contre l'Eglise, contre Jésus-Christ, contre Dieu lui-

(1) Bossuet : Port Royal et la Franc-Maçonnerie... L'origine juive de la Maçonnerie est manifeste. Ouvrez n'importe quel rituel : Kadosch, le plus haut grade, veut dire *saint* en hébreu. Le chandelier à sept branches, l'arche d'alliance, la table en bois d'accacia... rien ne manque à cette reconstruction figurative du temple. Les mois maçonniques sont les mois juifs : adar, véadar, nisan, iyar... Et quand le deuxième surveillant demande à la sœur ∴ postulante quel est son pays et le nom de sa tribu ? elle répond : « Je m'appelle Judith ; je suis femme juive, de la tribu de Siméon. » Voir F. J. page 712.

même... faut-il voler le *pain* d'un prêtre indigent, envahir la cellule d'un moine, pour l'en chasser à coups de balai, empêcher un capucin de marcher pieds-nus, saboter la conscience d'un enfant... faire, en un mot, toutes sortes de *malhonnêtetés* aux chrétiens, assez lâches pour tout subir !... comme ces filles de condition déchue qui vont pleurer à la porte de ceux qui les battent !... Entre le *juif* et le *Maçon* l'entente est parfaite. Ils se protègent, s'encouragent, se *soutiennent*, comme la corde soutient le pendu.

Le *Juif*, dont l'audace est sans pudeur ! et avec l'habileté de mise en scène qui le caractérise, le *juif*, bat la grosse caisse, imprime, dirige le mouvement ; le *Franc-Maçon*, plus soumis à la consigne, l'exécute, en fredonnant la chanson bien connue :

« C'est ben nous, à présent, qui sommes la princesse !...
« Broutons au ratelier, avons l'*assiette* au beurre !... »

Ne leur parlez pas de justice, de patrie, de famille, de religion... les mots justice, patrie, famille, religion... n'ont pas de sens pour des *marchands* tripoteurs qui ont « un écu à la place du cœur ! » et qui, interrogés sur leur état d'existence, n'auraient d'autre réponse à faire que celle de *Blowits* à la reine de Roumanie, lui demandant à quel pays il appartenait: « Mon Dieu, « Majesté, je suis né en Bohême, je parle calabre, « j'écris anglais... ; mais j'habite en France... » Le *Juif-Maçon* pourrait ajouter, pour être complet: « je n'ai pas de patrie, je n'ai pas de religion !... je suis un « grand *mépriseur* d'hommes !... » un éternel juif

2

veur de fortune, un perpétuel *affamé* d'honneurs et de plaisirs... »

Faut-il achever le tableau???

Rappeler, après beaucoup d'autres, que devant l'histoire des faits constants et universels, le Juif-Maçon n'a d'autre mérite, selon le mot très juste de Goncourt, que de tenir à la disposition de ses *ennemis* tout ce qu'une race maudite, « éclaboussé par le sang d'un Dieu ! » peut avoir de *haine recuite* depuis dix-huit cents ans...

Et, pour le juif, comme pour le Franc-Maçon, l'*ennemi* à combattre, à exterminer, à livrer aux bêtes !... Et à quelles bêtes ! ! !

1º C'est — nous l'avons déjà dit, — c'est la *France !* naguère encore la nation très chrétienne, l'instrument des Gestes de Dieu, à travers le monde : « *Gesta Dei per Francos...* »

2º C'est le *Christ !* l'Enfant de Bethléem, le Martyr du Calvaire ; parce que, se sentant coupable envers *Lui !* Il le gêne avec sa Croix de bois et sa couronne d'épines.

3º C'est l'*enfant* chrétien et français d'aujourd'hui, qui sera l'*antidote* ou le *poison* de demain, suivant qu'il a été formé, cultivé par la main de l'homme ou par la main de Dieu.

5º Enfin, l'*ennemi !* c'est encore la *femme*, restée, jusqu'à ce jour, telle que l'a faite Jésus-Christ, quand il prit possession de son cœur.

Mais procédons d'une manière plus méthodique.

CHAPITRE II

La quintuple Haine

Il n'y a plus à contester, — et nous voulons le crier bien haut, pour que nul d'entre vous ne l'ignore, — ce qui caractérise spécialement le *Franc-Maçon-Juif*, le fait même de son origine, son principe abécédaire, le souffle de sa vie... c'est un sentiment vraiment diabolique ! de quintuple haine à tout ce que nous aimons, à tout ce qui fut notre gloire dans le passé, à tout ce qui touche, de près ou de loin, à *Dieu*, à la *Religion*, à ses *ministres*... Haine bête ! sans doute ; mais haine quand même ! haine, non seulement dans le cœur, mais partout : dans la voix quand il parle ; dans les doigts quand il écrit ; dans les pieds quand il marche ; dans les yeux qui lancent des flammes, sur la bouche qui bave l'écume... Quand il dort son souffle en est plein !..

Eh, oui ! je le dis et répète, avec les sentiments d'une bien légitime indignation, le *juif*, qui, — *maître* aujourd'hui chez nous, agit par le *Franc-Maçon*, — a une quintuple haine à satisfaire :

1º La haine de la *France* : « *Quand passe un Français, tirez dans le tas !* » (Le juif-maçon Hirsch à ses gardes-chasse).

2º La haine du *Christ :* « *Nous ne voulons plus qu'il règne sur nous.* » (Toute la secte libre-penseuse).

3º La haine de ceux qui l'adorent ou qui le représentent : « *Les chrétiens aux bêtes !!* » (Les persécuteurs de tous les siècles).

4º La haine de la *femme : «. Le meilleur poignard pour frapper l'Eglise au cœur, c'est de commencer par lui enlever la femme.* » (Inst. de la Vente franc-maçonne).

5º La haine de l'*enfant :* « *Pour écraser l'infâme, qui se croit triomphant, arrachons-lui l'enfant !* » (Le Fr.-Maçon Ch. Bernard).

1º La Franc-Maçonnerie juive a la haine de la France ! de ses gloires passées, de son drapeau...

> « Quand le Juif monte la France baisse ;
> « Quand le Juif descend la France monte ! »
>
> (F. J.)

Elle a la haine de la France !

De la France ! dont le passé fut tout éblouissant de grandeur et que les autres peuples contemplaient, hier encore, marchant sur les hauteurs sublimes et ouvrant aux nations la route de l'avenir.

De la France ! qu'elle tient en un vasselage déshonorant et sous un joug aussi dur que celui de la vieille barbarie, la traitant plus mal qu'une marâtre cruelle traite l'enfant qui n'est pas sien !...

Mais, ici, je veux me taire et laisser parler les faits qui sont encore sous tous les regards :

Un juif tout cousu d'or et Franc-Maçon fameux, -

Daniel Déronda, partant pour l'Extrême-Orient, où
le sémitisme s'agite et veut se refaire, donnait ce conseil de bête féroce aux meneurs du mouvement révolutionnaire : « Voyons, vieux frères, tâchez donc de
faire tuer quelques milliers de ces *imbéciles de Français !* cela fera du bien à Israël, à l'Angleterre et à
notre bourse... »

Thiers a raconté cet épisode dans son Histoire du
Consulat et de l'Empire : « Chose horrible à dire !
écrit-il, ces misérables juifs polonais, qu'on avait obligés à recevoir nos héroïques petits soldats blessés, dès
qu'ils virent l'ennemi battre en retraite, se mirent à
les jeter par les fenêtres, s'en débarrassant ainsi, après
les avoir dépouillés... »

C'est encore des *juifs* qui, le soir de la bataille de
Vaterloo, parmi les affûts de canons brisés et les fusils
tordus, pareils à des vautours, vont dépouiller nos
soldats blessés et détrousser les mourants et les morts !
dont le sang s'échappait, tout chaud, de leurs veines
ouvertes !...

Plus près de nous, le capitaine Villot nous a décrit
les scènes inouïes qui se passaient à Constantine, à
la nouvelle des désastres de la France, en 1870. « Toute la population juive (et franc-maçonne), dit-il, trépi-
gnait de bonheur et applaudissait à nos défaites avec
le plus indécent cynisme. Elle était réellement ivre de
joie ! et la manifestait en se livrant, jusque dans les
rues, à des danses ignobles... » — « Ces bandits auraient souhaité que le désastre fût plus irréparable
et la défaite plus définitive. » (Gustave Mirabeau)

N'oublions pas de signaler, en passant, le maçon juif Hirsch, encouragé dans sa haine pour la France par son congénaire *Dreyfus*, disant à ses gardes-chasse : « Mes amis, quand un français passe... tirez dans le tas !... » Or un jour, raconte Clarétie dans le *Temps*, qu'un brave officier se promenait avec son enfant dans une allée en contre-bas, où le baron juif chassait avec sa bande, tout à coup, quelqu'un tire, le plomb fait tomber des feuilles sur la tête du petit français qui a peur. Le garde interpellé par l'officier, répondit en ricanant : J'ai tiré sur une fouine !.. Quand j'en rencontre, j'ai l'ordre de tirer dessus... » (Ext. de la *France juive* de Drumont).

Enfin, — et pour en finir, — c'est un juif-maçon qui, au mois de Mai, à Versailles, voyant passer la compagnie du régiment qui portait, musique en tête, le drapeau de la France, s'écria : « *Ces sales français sont-ils bêtes de suivre ce chiffon-là !.. « — « Il faut le planter sur le fumier !* » aurait ajouté le F∴ Hervé et tous ses congénères...

Mais si — d'une part — le *Juif*, de connivence avec le *Franc-Maçon*, a la haine de la France ! de ses gloires passées, de ses traditions religieuses, de son drapeau à l'étamine tricolore...

D'autre part, il éprouve un amour sans pareil, un bonheur de paradis ! à voir danser ses écus dans sa poche ; à chiffonner, à froufroter ses beaux billets bleus ; à déposer dans ses coffres le fruit de ses économies, le produit de son travail, qu'il s'approprie avec une adresse merveilleuse, et sans jamais lui rien donner en échange, comme le pou visqueux et gluant, qui vit et s'engraisse au dépens du corps humain.

C'est un fait cent fois constaté : toutes les immenses fortunes juives sont essentiellement parasites et usuraires. Elles ne sont point le fruit du travail économisé d'innombrables générations ; mais le résultat unique de l'agiotage et du vol. Pour les amasser, les Juifs n'ont créé aucune industrie, découvert aucune mine, fait aucune invention ; ils les ont soutirés, avec une adresse admirable, de la *poche* des travailleurs réels, et cela, au moyen d'un vaste système d'exploitation financière, dont ils ont seuls le secret ; assez semblables à ces guêpes voraces qui ne s'introduisent dans la ruche que pour tuer les abeilles ! leur ouvrir le ventre... et sucer le, miel qui est dans leurs entrailles... (1) (*La France Juive*).

Qui de nous ne connaît l'histoire de ce bon Juif-Maçon, Chémia, fournisseur officiel de notre armée française en Tunisie, qui trouve le moyen de gagner, en quelques mois, au dépens de la santé et de la vie de nos soldats, la petite misère de... trois millions !..

Traduit en conseil de guerre, il fut acquitté, grâce à l'influence de la *Franc-Maçonnerie juive*, très nombreuse dans ce pays. Tant pis, pères et mères de

(1) Ensemble, les Juifs possèdent la moitié du capital circulant en France ; soit, environ : quatre-vingt mille millions ! Il ne faut donc point nous étonner si Madame Delaville pouvait s'écrier, dans une conférence donnée au Boulevard des Capucins, 30 octobre 1882 : « Les Juifs sont maintenant assez riches pour acheter la France ! et ils l'achèteront, peut-être, quand la dynamite aura fait son œuvre. »

famille, si dix-huit mille de vos enfants sont morts de faim, victimes d'Israël et des fils de la Veuve!

O France! toi, jadis, le plus beau des royaumes, après celui du Ciel! en quelles mains barbares es-tu donc tombée???

Ne fût-ce pas comme chrétien, je pleurerais encore comme citoyen!

Mais, Seigneur, laissez-vous toucher par nos larmes! et prononcez la parole libératrice. Malgré ses crimes et ses folies, la France est encore vôtre! pardonnez et faites miséricorde, afin qu'elle revienne au Dieu de ses pères; qu'elle reprenne son titre de fille aînée de l'Église; que son drapeau flotte de nouveau dans l'espace, et reste un symbole de bravoure, de tolérance et de liberté! Et que bientôt nous puissions redire, en pleurant d'amour et de reconnaissance! ce cri, dont souvent le ciel a retenti:

« Vive le Christ qui gouverne les Francs!! »

2° Sympathie et tendresse pour Jérusalem et ses représentants; haine pour le Christ et pour les Chrétiens: toute la Franc-Maçonnerie est là.

Le Franc-Maçon a la haine du Christ.

On le dit souvent, on ne le dit pas encore assez: Le *Franc-Maçon* hait le *Christ* en 1910, comme le juif le haïssait le jour où il l'a crucifié! comme au temps de Tibère-Auguste, des idoles et des magiciens!

Il le hait! comme l'ont *haï* Judas, Caïphe, Hérode, Néron, Julien, Mahomet, Attila, Voltaire, Rousseau!.. pour ne parler que des plus insolents! Il le couvre des mêmes outrages, lui fait subir les mêmes avanies, en fait son perpétuel *enclume*, où il frappe ses coups de marteau les plus terribles ! C'est constamment sur ses lèvres baveuses, contractées par un effroyable rictus, le cri déicide : « A bas ! à bas ! crucifiez-le ! crucifiez-le !!! » cri, jeté une première fois, à travers la scène du prétoire, à la *Victime Sainte*, rassasiée de fiel, souillée de crachats, couronnée d'épines, meurtrie sous les soufflets d'une canaille immonde !

O Christ ! s'écriait un des plus enragés grondeurs, O Christ ! « On dit qu'il a fallu douze hommes pour établir, avec ta religion, ton règne sur la terre ! Eh, bien ! moi, tout seul, Voltaire, je jure de conduire tes funérailles !!! »

Et rien ne se fit.

Voltaire-*Christ-Moque* (1) n'est plus !... Hérode, Néron, Julien, Mahomet, Luther, Robespierre, Gambetta ne sont plus !... de la poussière, des ossements dans un sépulcre : Voilà le seul monument qui rappellera aux générations futures, les tentatives toujours renouvelées, et toujours impuissantes de ces dieux d'un jour ! dont la *gloire* usurpée les accusait de lâcheté ou d'infamie !.

Mais, *Lui*, le *Christ* ! le Dieu qu'ont adoré nos pères ! Il est encore ! toujours plus connu, plus aimé, plus obéi, vivant et régnant au ciel et sur la terre.

Ah ! c'est que le Christ ne meurt plus !

Comme sa *Croix* ! pendant que le monde tourne, que

(1) C'est ainsi qu'il signait.

les générations naissent et meurent !.. Il reste debout :
Stat Crux dum volvitur orbis.

— Et pour le tuer ???

— Pour le tuer !.. Il faudrait tuer trop de choses...
et, — à coup sûr, — ses ennemis n'auraient pas assez
de couteaux ! ! !

J'ai ajouté et à dessein :

> 3° Haine ! haine de servante, pour les Chrétiens !
> c'est-à-dire pour tous ceux qui servent (le Christ)
> ou qui le représentent.

« Les chrétiens aux bêtes ! ! !

Tel est le cri de la *secte impie !* qui a fait de la
guerre au Catholicisme, à l'Eglise et à ses ministres
la base de sa politique, son : « *Delenda Carthago !* » et
dont chaque adepte, comme le F∴ Voltaire :

> « Ourdirait volontiers les entrailles des prêtres !
> « A défaut de cordon, pour étrangler les rois !... »

Je ne m'arrêterai pas longtemps à le démontrer,
cela est si vrai, qu'au moment même où les prêtres
allaient être fusillés par la *Commune*, le Juif-Maçon,
Dacosta, leur adressa cette apostrophe d'un cynisme
révoltant : « Vous allez mourir !.. vous le méritez bien !
il y a dix-huit cents ans que vous nous embêtez ! ! ! »
Et le petit Néron, Isidore François, qui présidait
à l'exécution des otages, criait aux bourreaux : « Dé-
pêchez-vous, ces gens là, il faut les tuer !.. Leur peau
n'est même pas bonne pour faire des bottes ! ! ! »

Le lendemain un brave homme, ayant demandé à Eugène Mayer, le Juif-Maçon que l'on sait, son avis sur

les assassinats de la Roquette, celui-ci répondit : « Vous trouvez qu'on a eu tort de fusiller de pauvres *calotins?*.. Nous, nous sommes d'un sentiment bien diffé rent, nous trouvons au contraire, qu'on a usé, à leur égard, de trop de ménagements... Ils ne l'ont pas volé... »

> .« Jadis, quand un César, dans l'arène sanglante !
> Immolait à la foule une vierge innocente...
> Faisait-il autrement ? — Quelle était sa raison ?
> Demandait-il : Quel crime ? — Il demandait : quel nom ?
> — Chrétienne ! — Tu l'as dit. Il suffit, Au supplice !
> Les grands dieux de l'État veulent ton sacrifice. »
>
> *(Les Pleurs de la Liberté.)*

4° L' « ennemi ! » celui qui crache sur le Christ !... — la Franc-Maçonnerie juive (1) — a la haine de la femme chrétienne !!!

> « Pour écraser l'*Infâme !*
> « Qui se croit triomphant,
> « Arrachons-lui la *femme !*
> « Enlevons-lui l'*enfant...* »
>
> (Le F∴ Charles Bernard.)

La *haine* que le *Franc-Maçon* a vouée à la *Religion* ne s'arrête pas en route, et loin de s'émousser, s'aigrit, au contraire, jusqu'à la rage !... Après le Dieu *Saint,* dont le nom est *Miséricorde !* comme à l'affreux Moloch des Phéniciens, il lui faut des enfants et des vierges !!!

(1) L'outrage au Christ faisait [partie des cérémonies de l'initiation. L'initié devait cracher trois fois sur le crucifix en signe de mépris : « *Et spuas super istam crucem in despectum ejus.* » Voir dans la F. J.. p. 143.

Lisez plutôt cette page répugnante, distillée aux alambics de l'enfer ! dans ces antres de pourriture et d'infection, appelés : *Clubs* ou *Loges*.

Voici :

« Aussitôt que l'enfant naît, que lui apprend sa mère?.. à se mettre à genoux devant un être suprême que, dans son imagination enfantine, il se représente en chair et en os ! La mère bien souvent ne le conçoit pas autrement... C'est donc en réalité devant un homme que l'enfant apprend à s'humilier... Le prêtre, pour des raisons autrement pratiques que celles de la mère, (raisons d'intérêt,) vient à la rescousse. Jusqu'à l'âge de 12 à 14 ans il *abrutit l'enfant* sur un catéchisme, sur des mystères, sur des mensonges qui n'ont qu'un but : fausser l'esprit du jeune homme. L'enfant est ainsi habitué à cette idée qu'il n'est rien en ce monde, sinon le jouet d'un dieu mesquin et vengeur. Il a peur d'une force supérieure... devenu homme, il gardera cette idée d'infériorité. C'est la faute de l'éducation... C'est donc par la femme qu'il nous faut faire l'éducation de la nation.

« Les femmes élevées sous l'influence sacerdotale sont étrangères à notre temps. De même les filles élevées dans les établissements religieux, sont — ou bien des sottes ou bien dévouées aux momies de l'Église.

Pour vaincre l'ennemi, il n'y a qu'un moyen : combattre de toutes nos forces l'influence du prêtre sur elles et former des libres-penseuses. L'enseignement *laïque* (l'école *laïque*) arracherait nos filles à la Re ligion, aux prêtres... Avec des libres-penseuses nous n'aurions plus de superstitions, plus de denier de St Pierre, plus de confréries de la Vierge ! mais des femmes qui remplaceraient les mystiques pratiques religieuses et les dogmes surannés par la noble et sainte Religion de l'*Amour !* selon l'expression du.F.·.·L. Bourgeois. A l'œuvre donc, jusqu'à la fin et tâchons de faire comprendre qu'il n'est pas digne d'une femme qui élève les citoyens de notre république (maçonnico-juive) de s'humilier plus longtemps devant les prétendus représentants d'un Dieu, qui a tous les traits d'un despote vindicatif et cruel... » (1).

C'est tout de même un peu fort...

Elever nos filles, nos sœurs... en dehors de la *religion !* dans la haine et le mépris de l'Eglise et de ses ministres !... et cela, afin qu'elles puissent se livrer, sans remords, à toutes les passions d'ignominie ! N'avoir d'autre règle de conduite que la satisfaction des instincts honteux, absolument comme les créatures dégradées des *maisons de tolérance...* Réduire, en un mot, le tout pour elles à de l'or et à du fumier !...

Telle est l'éducation que *Mamelucks* et *bouledogues* de la *Franc-Maçonnerie juive* réclament pour nos filles et nos sœurs, qu'ils s'efforcent d'inculquer à nos épouses et à nos mères !!! (2).

(1) Cette page est extraite des *Alpes Républlcaines.* du 9 août 1899, journal officiel des Loges ; ainsi que des programmes élaborés par les F.·.F.·. Camille Sée, disc. à la Ch. 1880 ; Gambetta, disc. Boul., 1869 ; Germain Cassə, conf., 1877 ; le *Siècle,* 20 décembre 1877 ; Payot, cours de morale, etc.; etc...

(2) C'est un Juif M.·., Camille Sée qui organise les lycées de

Grands dieux ! quel raffinement de cruauté dans l'ignoble ! ! ! La nausée vous monte aux lèvres !... Proudhon lui-même, aurait protesté, avec dégoût, contre cette infamie ! Ah ! c'est bien ici que la « SECTE bave tout le *fiel de son âme !... C'est bien ici, que la *Révolution* revêt ce caractère satanique et destructeur prédit par Joseph de Maistre !

Et, en effet,

Si la loi qui rend la *laïcité effective* pour le jeune homme est déjà si odieuse ! comment qualifier un tel régime appliqué aux écoles de jeunes filles ? Quand il s'agit de la *femme*, il en est de l'*irréligion* comme de l'*ivrognerie* : cette double perversité, déjà *si* laide chez l'*homme !* devient hideuse chez la *femme*.

Pour la femme, — a écrit Victor Hugo, — il n'y a pas de milieu : Sœur de charité ou cocodette, — courtisane ou ménagére, — diabolique ou bon enfant !... Elle est l'être humain le *meilleur* ou l'être humain le plus *mauvais*. « Son esprit est « *hirondelle-martinet* » Il peut voler le plus haut dans le *ciel !* ou le plus bas dans la *boue !* »

Et, moi, à mon tour, je le dis et répète après beaucoup d'autres : Elle est, la femme : — *Ange* ou *démon !* *Ange*, si elle reste chrétienne ; *démon*, si elle cesse de l'être.

La femme *chrétienne*, telle que l'a faite Jésus-Christ, quand il a pris de son cœur une possession digne de *Lui*, quel prodige de pureté, d'amour, de douceur.

jeunes filles, de manière à en exclure tout enseignement religieux.

Elle prend sur elle les faiblesses de l'enfance, apaise les fougues de la jeunesse, partage les soucis de l'âge mûr, visite le vieillard dans son isolement, le berce au son de sa voix compatissante... N'obéissant qu'à la passion de l'amour divin, vous la voyez accourir partout où un cri perçant de détresse se fait entendre, partout où l'on se bat, où l'on meurt pour la patrie.

C'étaient des *femmes!* ces dames de Metz qui, en 1870-71, après les sanglantes batailles de Borny, de St-Privat, etc., et pendant toute la durée du siège, soignaient, avec un dévouement incomparable, vingt-mille de nos soldats blessés ou mourants... Et combien d'autres femmes encore, également chrétiennes, à Paris, au Mans, à Orléans, un peu partout... qui resteront à jamais inconnues. Ce qui a fait dire à un écrivain peu suspect, que « dans l'éclipse des autres courages, en 1870-71, il a semblé un moment qu'il n'y avait plus que les *femmes* en France qui pussent être simplement héroïques (1). »

Par la *femme chrétienne!* que de larmes séchées, que de cœurs consolés, que de victimes arrachées au désordre, que de coupables rendus à la vertu !..

Et nous-mêmes, depuis que nous sommes spectateurs sur la scène du monde, combien n'avons-nous pas vu de jeunes filles, images de la vie dans son épanouissement! belles et pures comme des rayons du jour! s'en allant, — et sans que rien ne les y oblige, — s'en allant, de porte en porte, mendier les restes du riche pour en nourrir les vieillards ramassés, mou-

(1) Félicien Champsaur.

rant de faim, sur le pavé des rues ! tandis que des veuves, redevenues vierges, malgré l'accablant fardeau du souvenir, se partagent les orphelins, soignent les malades, lavent les membres des pauvres lépreux, ces pourrissoirs vivants... A la *femme chrétienne :* les haillons, la paille, les plaies, les crachats... n'inspirent ni dégoût, ni répugnance ; la *Charité* du Christ, qui la presse, en a parfumé l'indigence et le malheur ! Et si vous demandez à toutes ces héroïnes de l'amour et du dévouement, à ces amantes des miséreux, que le peintre marseillais appelle, avec un accent de gratitude : « Les *braves !* » D'où leur vient cette nature supérieure qui confond notre faiblesse et entraîne notre admiration, elles nous répondront, par ce mot qui leur sert de boussole, en nous montrant la petite *croix* d'or ou de bois qui pend sur leur poitrine :

« *Nous sommes, nous, les femmes chrétiennes !! »*

La femme *chrétienne !*

La vertu habite en son âme, la pureté dans son cœur, la modestie sur son front, la grâce découle de ses lèvres... ses jours sont pleins de mérites, ses enfants la bénissent. Ils remercient le ciel de leur avoir donné une si bonne *mère !..* Son mari la loue, il s'estime heureux d'avoir une telle épouse !!! C'est l'*Ange !*

Maintenant, voici le *démon !* l'ange déchu :

Autant la femme chrétienne sème des bienfaits sans nombre sur la famille et dans la société, autant celle qui ne l'est pas y verse des maux inouïs et d'effroyables misères.

La femme rêvée par les Apôtres du culte *laïque,*

c’est-à-dire telle qu’elle existe quand elle a cessé d’être chrétienne : C’est la fille d’Eve, vil instrument de toutes les misères humaines, sans force et sans dignité. « On la foule aux pieds, dit le Saint-Esprit, et on la regarde comme la boue du chemin ! » Autant vaudrait, ajoute un spirituel auteur, habiter avec une bête féroce ! ses enfants semblent nourris de fiel, et sa maison est semblable à un nid de vipères. Parle-t-elle ? — Sa langue est un dard qui frappe tout ce qu’elle rencontre ; ses paroles brûlent comme le feu ! son cœur est un cloaque, où tout ce qu’il y a d’immondices vient se jeter.

Malheur à la société qui n’aurait que des femmes émancipées, des *libres-penseuses !*... Nihilistes de la patrie, comme de la famille, on les verrait aux mauvais jours, — bohémiennes enjuponnées, — dans la fumée des brasseries, dans le tapage des bocks que l’on choque et des absinthes que l’on bat, on les verrait, échevelées, à camisoles sales, roulant ivres... plus hideuses que les hommes les plus dégradés.

Ah ! la femme *sans Dieu* et dégagée de toute *influence cléricale,* la femme qui n’était ni du denier de Saint-Pierre, ni de la confrérie de la Vierge, ni dévoué aux *momies* de l’Eglise... nous l’avons vu à l’œuvre, sous la sanglante Commune, lorsque, à la lueur des incendies, au milieu des rugissements de joies sauvages et des râles de la mort ! des *frères* égorgeaient leurs *frères !*

De cette femme là nous en avons assez.

De grâce donc! païens égoïstes et repus! ne venez pas déssécher, par un *enseignement athéistique*, immoral, le cœur si bon, si pur, si grand... de nos filles et de nos sœurs, de nos épouses et de nos mères!

Nos filles et nos sœurs, nos épouses et nos mères... auront toujours besoin de *croire;* parce qu'elles auront toujours besoin d'*aimer!*

Un philosophe des plus célèbres de nos écoles modernes, mais libre-penseur de première force, Pierre le Roux, déplore, lui aussi, l'infériorité de la femme, mais il reconnait au moins que le Christianisme a pour elle une admirable loi de compensation, et il ne sait comment s'expliquer l'aveuglement de ceux qui parlent de lui enlever ce bien inestimable. Ecoutez-le dans l'énergie de sa conviction:

« Le Christianisme rétablit l'équilibre, la justice, l'égalité en disant à la femme: « Je te connais; sache que j'ai pour toi une récompense digne de ton cœur; tu seras l'épouse du Christ!... Garde-lui ta foi et tu verras un jour... » Mais aujourd'hui qu'on veut détruire cet amant qui l'attirait vers le ciel, vers qui voulez-vous qu'elle gravite? Où voulez-vous qu'elle le trouve? *son Dieu!...* quand vous l'avez banni de vos croyances, de vos lois, de vos mœurs; quand toutes vos sciences matérialistes proclament que Dieu est une erreur; quand votre politique le proclame; quand vous détruisez l'idée d'un culte véritable en méprisant, pour votre propre compte, comme une superstition! la religion chrétienne... »

Et maintenant, taisez-vous! terribles justiciers de la

société libre-penseuse ; stalolâtres, qui portez écrit sur l'écu de vos étendads ce mot de perpétuelle insulte : « Laïcisation, laïcisation ! ! ! »

Taisez-vous ! pour apprendre de la bouche d'un homme qui promena la vengeance de l'Eternel sur les trônes du monde, quels sont les enseignements qui doivent présider à la culture de l'intelligence, du cœur, de l'âme... de nos filles, de nos sœurs, de nos mères :

« Il faut commencer par leur apprendre la *Religion* dans toute sa sévérité... N'admettez à cet égard aucune modification... La *Religion* est une importante affaire dans une *éducation* de demoiselles ; elle est, — quoi qu'on en dise, — le plus sûr garant pour les pères et pour les maris... Elevez-nous des croyantes et non des raisonneuses ! la faiblesse du cerveau des femmes, la mobilité de leurs idées, leur destination dans l'ordre social, la nécessité d'une constante et perpétuelle résignation et d'une sorte de Charité indulgente... tout cela ne peut s'obtenir que par la *Religion*... Je désire qu'il sorte de l'école d'Ecouen non des femmes très agréables, mais des femmes *vertueuses*; que les agréments soient de mœurs et du cœur, non d'esprit et d'amusement... »

(Napoléon Bonaparte. — *Extrait d'une note sur l'établissement d'Ecouen, 15 mai 1807.*)

Voilà, au moins, un langage qui honore celui qui le tient ; des conseils empreints d'une haute sagesse et de très pratique bon sens ; bien rassurants pour les parents qui voudraient en faire la règle de leur conduite...

Je n'insiste pas. Tout le monde m'a compris. Et je me contente d'adresser, en finissant, quelques mots à la *tyrannie jacobine* qui nous gouverne: Non! lui dirai-je, non! votre tactique de *déchristianisation* de l'*enfant* par la déchristianisation de la *femme* n'aboutira pas. Car, trop de vieux sang français bouillonne encore dans les veines de ce pays, tout fait d'honneur et de fidélité!...

Cessez donc de battre la campagne, sinistres ouvriers de la destruction! et ne parlez pas de faire à la *femme chrétienne* les funérailles d'Achille! Vous y perdriez votre temps et vos peines.

La *femme*, — bien que vous en riiez, — la *femme* a la tête dure!!! Avec elle, c'est le jeu: *A qui perd gagne!* Vous la voudriez *courtisane* ou *chair* à distraire! — fille de *Loge* ou de *lupanar!* Elle ne sera jamais ni ceci, ni cela. Elle restera, je vous le jure! ce qu'elle doit être:

A Jésus-Christ pour toujours!

Pour toujours à l'Eglise! à qui elle appartient à tant de titres. Et ce sera tant mieux pour elle; car, ce faisant, elle n'aura jamais à rougir ni devant Dieu, ni devant les hommes! et elle aura bien mérité de la France! — où, comme au temps de la *pucelle!* — il y a si grande pitié...

5º L' « ennemi ! » celui qui crache sur la femme chrétienne !... — la Franc-Maçonnerie juive ! — a la haine de l'enfant !!!

Eh oui ! de l'enfant !...

Cette charmante petite créature où se reflète la pureté des Anges !.. Elle le hait, parce qu'elle voit dans cette âme candide, une ravissante image de *Celui* qui disait aux foules égoïstes : « *Laissez venir à Moi les petits enfants. Le royaume du ciel est fait pour eux !* »

Ce n'est pas d'aujourd'hui qu'il en est ainsi ; c'était l'histoire d'hier, ce sera l'histoire de demain... Chaque âge a eu ses coutumes et ses procédés.

Aux premiers jours du Sauveur, Hérode, ce *monstre* couronné, que rien de ce qui est mal n'effraye ! les fait massacrer jusque dans les bras de leurs mères, secouées de sanglots !..

Tout à travers les siècles,.. au Moyen-Age, principalement, le juif, — au genre déjà maçon, — « ce *sorcier* maudit que Michelet nous montre cherchant toujours un enfant à égorger dans une cérémonie sacrilège ! » le juif, dis-je, les *saigne* ou les met en *croix !..* (1)

La *Franc-Maçonnerie* juive de maintenant, — moins barbare peut-être, mais plus perfide à coup sûr ! — les

(1) Tous les chroniqueurs sont unanimes à nous raconter les nombreux assassinats d'enfants chrétiens par les Juifs. Lire, pour être édifiés à ce sujet, le VIᵉ Livre de *La France Juive*. pages 762-785.

torture, les souille, les empoisonne... par un enseignement athéïstique et obligatoire... Souillure, empoison-
nement... d'autant plus *criminels* que ce n'est pas le
corps de l'enfant, mais son *âme!*... sa toute belle
âme, où la vie n'a rien écrit encore, qui en subira les
mortelles atteintes.

Mais comment la *Franc-Maçonnerie* juive souillera-
t-elle, empoisonnera-t-elle *l'âme!* les belles âmes! des
enfants de la France???

Elle les souilera, elle les empoisonnera en les sou-
mettant à un enseignement qui ne devra plus être
seulement *neutre*; c'est à dire respectueux de toutes
les croyances, de toutes les traditions; mais *laïque!*
mais *athée*, c'est à dire *sans Dieu!* ou plutôt *contre*
Dieu; car l'Oracle est formel: « *Qui n'est pas avec
Moi est contre Moi...* »

A un *enseignement* empreint du plus abject *matérialisme* et plein d'un venin des plus subtils, au moyen duquel toutes les âmes de nos enfants devront
trouver la *mort* dans un hideux et suprême embrasse-
ment!.. Oui, la *mort!* qui leur sera servie sous toutes
les formes et à propos de tout:

La mort! dans les Abécédaires de première année;

La mort! dans les livres de lecture courante;

La mort! dans les Manuels d'histoire et de géogra-
phie;

La mort! dans les ouvrages donnés en prix;

La mort! dans la parole du maître d'école.., dans
son regard, dans son sourire, dans son silence, dans
sa vie toute entière...

La mort! jusque dans les bons points et les cahiers d'écriture : les *bons points* illustrés, aux figurines : Voltaire, Marat, Dreyfus, Hervé, Ferrer... et quelques autres Judas apothéosés ! remplaceront les images des *saints* et des *héros chrétiens* pour les faire oublier...

Les *cahiers d'écriture* contiendront des notions de *morale*, ou plutôt d'*athéisme* et de *libre-pensée*, selon les Manuels civiques (trop civiques, hélas !) et les histoires relatées de Compayré, Paul Bert, Primaire, Aulard, Calvet, Payot, Devinat...

Mais entendez la suite :

Saisir *l'enfant* aux bras de ceux qui l'ont nourri — et si souvent embrassé — en disant : « *Mon enfant ! la chair de notre chair, notre vie, notre sang !* » et cela, pour le jeter dans le *moule de l'apostasie !* je veux dire : pour l'enfermer dans une école, entre les murs de laquelle, — des cours d'amusement au grenier à déballage, — il ne pourra plus être question de *Dieu !.. Dieu ?..* c'est l'ignorance, c'est le mal !.. l'atroce dieu ! toujours assoiffé de vengeance !!! (1)

Plus être question de religion ; Partant :

Plus de signe de croix ! — A quoi bon ? Là-Haut il n'y a pas d'œil pour le voir ; plus de prière ! — Là-Haut, il n'y a plus d'oreilles pour l'entendre ; plus de Bible, ni d'Histoire Sainte ! — Elles nourrissent l'esprit humain de croyances malsaines, absurdes ;

(1). Extrait d'un catéchisme, dit républicain, répandu en France, par toutes les Loges. Lire, à ce sujet, le 51e *Bulletin du Grand Orient.*

Plus de catéchisme ! — il maintient l'enfant dans la superstition, l'abêtit.., le prépare pour la servitude. ..

Plus de morale chrétienne ! — On la remplace par la parole de la science humaine et de la raison affranchie...

Plus de crucifix ! — Les Christ sont enlevés, empilés dans des tombereaux à ordures ! rélégués aux combles ou jetés aux latrines, comme à Gières...

Plus de statues de la Vierge, devant laquelle le ciel et la terre s'inclinent ! — On mettra à la place un buste de cinq sous, représentant une *Marianne* quelconque, au costume dépenaillé, les pieds nus, corsage ouvert, seins pendants ! et coiffure un peu en travers. .

Plus rien, finalement, de ce qui parle à l'âme de la noblesse de ses origines, de la grandeur de ses destinées : — Issus, comme à l'aventure, ou d'un animal — *carpe* ou *singe !* — en deçà et au-delà il n'y a que des ombres, à quoi bon les sonder ?.. Après la mort le tombeau, d'où l'on ne sort plus !.. pour nous, pour nos enfants, il n'y a de vrai que la terre... Elle est à notre service. Des écus et des plaisirs : *panem et circenses :* Voilà nos dieux ! et c'est assez... *Laïcisation ! laïcisatioin !!*

Mais ici on m'arrête net. On m'arrête et l'on me dit :

A coup sûr ! vous exagérez ;

Vous êtes le jouet d'une imagination qui prend le rêve pour la réalité ;

Vous forgez une doctrine que nul ne songe à soutenir...

J'exagère???

Vous ne savez donc pas ce qui se dit?.. Vous ne lisez donc pas ce qui s'écrit?.. Vous ne suivez donc pas d'un regard anxieux, l'infernale conjuration, qui se poursuit avec une fiévreuse impatience, contre l'âme des enfants de la France?..

Je suis, dites-vous, le jouet de mon imagination???

Mais quand l'expérience nous brûle ! Quand les faits crèvent les yeux... peut-on dire qu'on ne sent pas, qu'on ne voit pas???

Je forge, ajoutez-vous, une doctrine que nul, — ni juif, ni Franc-Maçon même, — ne songe à soutenir???

Mais ce n'est pas nous qui soutenons cette doctrine ; ce sont les ouvriers meneurs, les plus indomptables, les plus enragés de l'œuvre de déchristianisation, qui se donnent eux-mêmes la peine de nous l'annoncer dans l'âpreté ricaneuse et froide que donne l'espoir d'un triomphe prochain.

————— ⊙ —————

CHAPITRE III

Le Plan Maçonnique

> « Je connais le plan des Loges. Il
> « doit réussir. Et si dans quatre ans
> « il y a encore de la religion en
> « France ! je consens à me conver-
> « tir... »
>
> *(Aveu du protestant Ribot.)*

Dès l'année 1838, chacun pouvait déjà lire le secret
de la conspiration judéo-Maçonnique, ourdie contre le
Christianisme dans une lettre, d'un des chefs les plus
autorisés, en date du 9 août : « Il est décidé dans
« nos conseils, écrit l'impie franc-maçon Vindicé, que
« nous ne voulons plus de chrétiens... Ne faisons pas
« des martyrs, cela ne réussirait plus ; mais enseignons
« le vice (à l'enfant)... C'est la corruption en grand
« que nous avons entreprise, corruption qui doit nous
« conduire un jour à mettre l'Eglise au tombeau... Le
« but est sublime ! A l'œuvre donc jusqu'à la fin... »
On n'y a pas manqué (1).

(1) On sait que le F∴ J. Ferry fut l'ouvrier organisateur de
l'entreprise de laïcisation, aujourd'hui consommée... Cela est si
vrai, qu'un orateur de la Loge de Marseille voulut l'en féliciter
en 1882, dans un discours retentissant : « Le F∴ Ferry, dit-il,
poursuit une œuvre essentiellement *maçonnique* et il nous appartient à nous, Maçons, de le soutenir dans l'accomplissement de
son œuvre. »

Le maçon-juif, Eugène. Sue, écrivait en 1859, dans le *National :* « Le meilleur moyen d'abattre le catho-
« licisme, c'est de soustraire les jeunes générations
« à son enseignement. Pour atteindre ce but, il faut
« commencer par convaincre l'opinion que l'*instruction*
« morale des enfants doit être faite en dehors de
« toute *instruction religieuse...* »

Dans la Tribune pédagogique de Mars 1900, distri-
buée à tous les instituteurs de France, nous lisons,
page 30 : « Oui, entre l'école et l'Eglise, c'est désor-
« mais une guerre à mort ! l'une des deux doit dispa-
« raître ! mais il est impossible que la Vérité (ensei-
« gnée par l'instituteur) ne triomphe pas de l'erreur
« (enseignée par le prêtre)... La lumière dissipera les
ténèbres... »

Le gros Jéroboan de Spuller, badois d'origine —
Maçon et Juif, — est plus explicite encore : « Nous,
« Francs-Maçons, nous chassons l'Eglise de l'*école*
« pour la chasser ensuite de la *société.* »

C'est pour obtenir ce résultat que le convent franc-
maçon de 1893 désire voir le Conseil de l'Ordre donner
à toutes les Loges de France une impulsion énergique
sur toute l'étendue du territoire, impulsion destinée
à permettre l'écrasement du *cléricalisme* par l'appli-
cation intégrale des lois scolaires franchement *laïques.*

Le Franc-Maçon Fiedbecq expose ainsi, dans un de
ses livres, le vrai plan de campagne arrêté dans les
Loges contre l'Eglise : « Notre but, dit le Maçon,
« est d'enlever à l'Eglise toute influence sur le peu-
« ple... Il nous faut pour cela, lui lier les veines une

« à une. La première veine à lier, c'est l'*enseignement*
« *religieux* dans l'école.... Oui, notre but est celui
« de Voltaire : l'*anéantissement* à tout jamais du *catho-*
« *licisme*... Le secret consiste à faire exécuter la loi
« sur l'*enseignement laïque*... »

« Il faut que la *laïcité* de l'école soit effective ; que
les emblèmes religieux soient enlevés des classes ;
que le catéchisme et l'Histoire Sainte disparaissent...
Ce n'est plus la Religion menteuse des faux prêtres
du Christ qui guidera nos pas... Elle étouffe l'intelligence, prive l'enfant de tout enseignement moral ; le
maintient dans la superstition... Nous ne voulons plus
de cette instruction bâtarde, fausse, basée sur les dogmes surannés, qui nourrit l'esprit humain de croyances
absurdes, malsaines, abrutissantes... Cette ancienne mé-
thode d'élever nos enfants a trop duré, il est grand
temps qu'elle finisse... donc, pas d'hésitations, purgeons
l'*école* de toute trace de *cléricalisme !* Que désormais
aucun signe idolâtrique ne vienne parler aux enfants
d'un prétendu Dieu, qu'on a contraint si longtemps
d'adorer... Dieu n'est qu'un mot vide de sens que
seuls les imbéciles rêvent encore... Nous ne voulons
plus subir l'Infâme ! mais l'écraser... »

Le plan des Loges le voilà ! les aveux sont formels,
nets, précis : il n'y a plus à douter ; il n'y a plus à

(1) Dans cette page, qui soulève le cœur de dégoût, vous avez
entendu tous les mamelucks ou bouledogues de la bande *judéo-
maçonnique :* Paul Bert, Lockroi, Germain Casse, Hérold, Spuller, J. Ferry, Charpentier, Murat, Ragon, etc... On trouvera ces
textes, et beaucoup de semblables encore, aux sources suivantes : Neut., t. I. p. 10 et suiv. ; d'Avesne : *Les Projets Ferry ;*

contester : C'est la *déchristianisation* de la France, par la *déchristianisation* de l'école, que *Juifs et Francs-Maçons* — confondus dans une même haine ! poursuivent, à cette heure, sans trève ni merci, froidement, de propos délibéré et avec une impatience mortelle.

Et, en cela, ils sont logiques ; pour avoir la France, que nos ennemis guettent comme une proie longtemps convoitée, il faut qu'ils aient *l'enfant !* et, pour avoir *l'enfant*, il leur faut *l'école ;* car, a dit Leibnitz : « *Qui tient l'école tient le monde.* »

C'est pour arriver à ce résultat que la *Franc-Maçonnerie juive*, (le diable inspirant : *suadente diabolo*), a mis tout en œuvre pour avoir l'école « *neutre* » d'abord, dont elle a fait *l'enseignement laïque*, lequel est devenu *athée...* c'est-à-dire *sans Dieu* ou plutôt *contre Dieu....*

Ceux qui nous disent le contraire nous trompent et nous abusent, sur ce point comme sur beaucoup d'autres ; nous racontent des fables qui ne ressemblent en rien à la *Vérité*.

Turinaz : *Le Grand Péril ;* Cretineau-Joly : *L'Église et la Révolution ;* Vergnoles : *Conspiration anti-chrétienne ;* Ragon ∴ : *Manuel de l'Adoption ;* Mgr Fava : *La Franc-Maçonnerie ;* Mgr Dupanloup : *Etudes sur la F∴ M∴ ;* Mgr Deschamps : *Monde Maçonnique*, Mai 1866 ; P. Gaudrelet : *La F∴ M∴ et la Révolution.,...*

———————⊙———————

CHAPITRE IV

La Question capitale. — L'École poison!
L'École antidote!

> « La science séparée de la Religion
> « n'est qu'une aptitude à mal faire. »
> *(Le divin Platon.)*

Lequel des deux ???
Le salut de la France par l'école chrétienne,...
  religieuse ?...
ou bien
Sa mort ! par l'école laïque..., athée ???

La question à résoudre, la voilà !... Il n'y en a pas d'autre :

Tout ce que nous avons sous les yeux le proclame... l'écrit en *lettres* d'or ou de boue ! — en *larmes* de joie ou de douleur !...

C'est aussi le témoignage unanime des siècles et des peuples qui ne sont pas tombés dans le d'élire de la *déraison sociale*. Et, — d'autre part, — les hommes les plus compétents et les moins suspects, les plus savants, les plus distingués par le génie, les plus élevés, les plus grands selon le monde... sont tous d'accord pour reconnaître que : *Bannir de l'école l'enseignement de la Religion, c'est enlever à l'instruction son meilleur auxiliaire, lui ôter toute efficacité pour le progrès moral et social ; et, partant, commettre un crime irrémissible contre la patrie et contre le pauvre peuple, qui est naïf et sans défense...*

O vous donc ! affreux justiciers des *laïcisations* à outrance ! Vous tous que cette affirmation révolte et qui voudriez l'étouffer sur nos lèvres ! lisez, je vous adjure ! lisez de la première à la dernière page ce chapitre, tout débordant de vérité et de très pratique bon sens ; et, à moins que vous ne soyez d'un parti pris absolu, ou le jouet d'une haine aveugle de sectaire, vous n'en pourrez achever la lecture sans vous écrier avec les accents de l'héroïne de Corneille :

« *Je vois, je sais, je suis désabusé !* »

Au ruisseau ! l'école *Athée...* *laïque !* celle qui trouble, qui souille, qui empoisonne, qui tue !... l'*âme* des enfants de la France ! ! !

Eh ! oui, la question à résoudre la voilà tout entière ! et je voudrais le crier bien fort, pour que tout le monde l'entende :

Le salut ! *de la France par l'école chrétienne...religieuse !*

Sa mort ! *par l'école laïque... athée !!*

Mais ne précipitons rien, et, à l'exemple du grand Ampère, afin d'éviter toute confusion, donnons à notre thèse un enchaînement plus logique.

Et, tout d'abord, il me semble qu'une première question à nous faire est celle-ci :

Que pense-t-on? Que dit-on? A propos de l'*enseignement* de la jeunesse et au sujet de l'*école*... dans le monde bouledogue *Judéo-maçonnique*, fin de siècle?.. Monde vraiment étrange! chez lequel *Dieu* n'a plus rien à faire! non, rien!!! Et où le *diable* est passé *compagnon-maître!*

— Ce qu'on dit?...

— On dit « qu'à l'ombre de la *Croix!* sous les ailes de la *Religion!* la science de la Raison ne saurait fleurir... » (Paul Bert) (1).

Que les dogmes chrétiens sont d'humiliantes et abrutissantes superstitions, des pierres d'achoppement sur la route du capitole (2), et qu'il faut en purger l'esprit de la jeunesse... Remplacer la *Foi*, toujours entourée de mystères absurdes, par la science lumineuse de la Raison affranchie ; écarter, enfin, de l'âme de l'enfant la vaine préoccupation d'une vie future, le fétichisme d'une providence prête à secourir toute détresse, après avoir courbé sous l'épouvante ! (3).

Et l'on ajoute que, — pour atteindre ce but sublime, — il est urgent que les *Francs-Maçons* de toutes les Loges fassent de l'agitation dans le pays et concentrent

(1) Paul Bert est le petit-fils du juïf Simon-Isidore-Boyer Bert, *fesseur* au Collège des Jacobins d'Auxère en 1792... C'était lui qui était chargé d'appliquer à une certaine place que la décence ne permet pas de nommer les punitions corporelles infligées aux élèves. Chaque fouettée rapportait au citoyen Bert douze gros sous .·. *(Ext. de l'An. de l'Yonne 1881).*

(2) Neut. t. 1, p. 278... Br. L. 566., p. 60 et suiv.

(3) Monde Maçonnique. Mai 28, 22, 10 ; Loge de Liège ; F.·. Lacomblée...

tous leurs efforts, afin de convaincre les parents qu'ils doivent arracher leurs enfants au virus de l'éducation religieuse, éducation toute faite d'un tissu de mensonges par la secte cléricale (1). Que, seuls, les imbéciles rêvent encore un Dieu ! » (2).

Ce que l'on dit, la chanson de bravade ! les sornettes débitées avec un *imperturbable aplomb ;* le voilà !...

N'est-ce pas, je le demande, le comble de la déraison ?... Comment ! passer *Dieu* sous silence à l'école ! *Dieu,* le grand politique universel, sans lequel rien n'est...

Elever la jeunesse en dehors de la *Religion,* dans la haine et l'ignorance du *Christianisme* « la plus religieuse des religions ; » (3) du *Christianisme !* cette grande liberté dont l'Evangile est la charte et la *civilisation* des sociétés humaines, la floraison (4).

Quelle absence de sens moral, de sens pratique !...

Quel attentat monstrueux, inouï, sans analogue dans l'Histoire des sociétés humaines !...

Diderot, lui-même, qui n'était pas tendre pour la *Religion ;* puisqu'il avait fait son nid dans la *perruque* de Voltaire ! Diderot demandait « Que la *Religion* fut la première leçon de l'école, la leçon de chaque jour !..»

Et Victor-Hugo, qui a fini si misérablement sa vie, mais dont le talent avait parfois des lueurs super-

(1) Neut. t. 1, p. 144. — Op. Nat. 1867.,.
(2) Voir catéchisme de Weber: *Revue métaphysique.* Neut. t. 11, p. 287.
(3) Proudon.
(4) Auguste Nicolas.

bes! Victor Hugo aurait voulu « Qu'on traînât devant les tribunaux les parents qui envoient leurs enfants dans les écoles sur la porte desquelles est écrit: *Ici on n'enseigne pas la Religion!* »

S'emparer de l'enfant! le murer dans une école, — cette cage d'un nouveau genre, — comme jadis, à Pise, on murait les pestiférés! pour lui apprendre à vivre sans Dieu! et sans lui mettre au cœur une de ces croyances qui soutiennent dans la vie ; un *idéal* qui élève, qui console, qui empêche les défaillances...

Quel infernal et satanique métier!

A coup sûr! c'est un outrage public, intolérable au bon sens et à la conscience de tout le pays ; une œuvre abominable, impolitique au premier chef: la plus odieuse, la plus révoltante qui ait jamais été entreprise sous quelque tyrannie que ce soit ; car, c'est faire à l'enfant le sort le plus triste que l'on puisse imaginer, puisque c'est le condamner à souffrir sur la terre sans consolation, à y vivre sans but et sans joie, à mourir dans le désespoir le plus cruel!...

Voyez-les à l'œuvre ceux qui ont renié ou perdu le don précieux de la foi ; dans la nuit sinistre de leurs négations impies! ils errent, ces infortunés, à tout vent de doctrine, se disputent, échangent des pelletées d'outrages, poussent des cris de haine! et sèment partout, dans leur course éperdue, d'irréparables ruines!

Et en effet, en donnant à l'homme pour fin et pour but la vie matérielle, on aggrave toutes les misères par la négation qui est au bout ; on ajoute à l'ac-

cablement du malheur, le poids insupportable du néant !
et ce qui n'était que la loi de la souffrance, c'est à
dire la *loi* de Dieu ! devient le *désespoir*, c'est-à-dire
la *loi* de l'enfer ! ! ! » L'auteur de ces magnifiques paroles, vous l'avez reconnu à l'éclat de la pensée et à
la splendeur du style, c'est Victor Hugo.

Non ! « Il n'est pas possible de vivre en paix, quand
on ne sait ni d'où l'on vient, ni où l'on va, ni ce
que l'on a à faire ici-bas ; quand tout est énigme, mys-
tère, sujet de doutes et d'alarmes. Vivre en paix dans
cette ignorance est chose contradictoire et impossible.. »
(Jouffroy, Mélanges, p. 338).

Le fameux Hoche, qu'on invoque si souvent contre
nous, écrivait à sa femme : « Je veux que mon enfant
« connaisse un culte... La Religion nous guide et
« nous console... Il est des moments dans la vie où
« l'âme y trouve un refuge... »

L'absence de religion laisse un vide immense dans
la pensée et dans les affections de l'homme ; et celui-ci
toujours extrême, le remplit des plus dangereux fantô-
mes. Ainsi, en devenant incrédule, l'homme n'en sera
que plus aisément précipité vers la superstition : il por-
tera jusque dans l'athéisme même le besoin des idées
religieuses, qui sont une partie de son être et qui doivent faire son bonheur ou son tourment. Il abusera de
ses propres sciences en y mêlant les plus monstrueuses
rêveries. »

Vous venez d'entendre le plus illustre des disciples
de Locke, le philosophe Bonnet.

Ecoutez maintenant la très judicieuse remarque du
savant publiciste anglais Burke :

« Nous savons que l'homme est un animal religieux, et que l'athéisme est contraire à son instinct. Et si dans le délire d'une ivresse causée par cet esprit de feu distillé à l'alambic de l'enfer, qui est en si forte ébullition en France, nous devrions mettre à découvert notre nudité, en secouant l'*enseignement* de la *religion*, étant bien avertis que l'esprit ne peut en supporter le vide, nous craindrions que quelque superstition dégradante ne vînt en prendre la place.

Entendez, pour exemple, le cri déchirant d'une âme desséchée et désolée par le souffle glacial du doute, l'auteur de l'Obermann :

« Il y a dans moi, dit M. de Senancour, une inquié-
« tude qui ne me quittera pas ; c'est un besoin que je
« ne conçois pas, qui me commande, qui m'emporte au-
« delà des êtres périssables... Il y a une distance bien
« grande du vide de mon âme à l'amour qu'elle a tant
« désiré ; je voudrais espérer, je voudrais savoir, je
« voudrais être tout intelligence... Et si je considère
« ma vie, je la trouve ridicule à mes propres yeux ; je
« me perds dans des ténèbres impénétrables... Plus
« heureux, sans doute, le bûcheron qui prend de l'eau
« bénite !... Il chante en travaillant... Je ne connaîtrai
« point son bonheur... et je passe comme lui ! ! ! » (1).

On rapporte qu'un jour (1829), M. Viennet, mort académicien, disait au sceptique Benjamin Constant : « Je me trouve malheureux de ne pas croire... Si j'avais des enfants, je les préserverais de ce malheur en les

(1) Obermann, p. 83, édit. Champ.

faisant élever par les Jésuites... » « Je suis tout comme vous », répondit Benjamin Constant...

Un génie, après avoir laissé s'éteindre dans son cœur les fortifiantes promesses et les consolantes espérances de la religion, pour s'abandonner aux seules forces de la raison humaine, cherchant vainement le dernier mot des mystères que la foi seule peut résoudre, laissait tomber ces paroles qui inspirent l'effroi: « J'ai tout interrogé autour de moi ; la cendre des empires, l'histoire du passé, les entrailles de la terre, les astres du ciel... Rien ne m'a répondu !... Je n'ai entendu que le ricanement de Satan dans le vide !!! »

Je le crois bien : en dehors de la religion, il n'y a rien à chercher, rien à faire, rien à espérer... pour découvrir les grands problèmes dont l'âme humaine est travaillée... De là des doutes et des craintes, de là une nuit profonde avec ses rêves effrayants. La logique le veut...

Ah ! si j'avais le temps de rapporter ici les aveux navrants de Michelet, d'Hésésipe Moreau. d'Henri Heine, de Lamartine, de Saint-Simon, d'Enfantin, d'Auguste Comte, de Schiller, de Kleist, de Pierre Leroux, de Victor Considérant, d'Alfred de Musset, de Stuart Mill, de Mme Ackerman, d'Emile Lavelaye, d'Isnard... de toutes ces existences vides de croyances religieuses ! s'agitant, sans trêve ni repos, dans les ténèbres de leur pensée... Comme le spectacle de ces grandes ruines serait éloquent !!!

Obstinément stupide serait l'homme qui ne le comprendrait pas, qui n'en gémirait pas...

Eh bien ! parents chrétiens, c'est cette Religion, belle comme la foi, belle comme la gloire, belle comme la justice, belle comme la liberté, belle comme la pitié, belle comme l'amour, belle comme le dévouement, belle comme l'héroïsme... belle de grâces, de souvenirs, de légendes immortelles.... car c'est de tous ces rayons que son auréole est tissue...

C'est cette Religion, qui gémit de tous nos gémissements, pleure de toutes nos larmes, sourit de toutes nos joies...

C'est cette Religion, qui nous sauve du doute, le plus grand tourment de notre vie, en ouvrant devant nous les secrets de cet avenir qui ont si cruellement tourmenté les plus illustres philosophes de l'antiquité.

C'est cette Religion, dis-je, que l'on veut bannir de l'*éducation* humaine, comme *inutile* et *dangereuse !!*

Non ! jamais l'on n'aurait pu naturellement supposer que l'homme, dans ses égarements, en viendrait à ces extrémités.

Et ne prenez pas ce que je dis pour une exagération :

Les hommes les mieux éclairés, par leur profond savoir, leur position sociale et leur grande expérience de la vie..., sont tous d'accord pour demander que les *principes religieux* soient la base et comme la pierre fondamentale de l'instruction ; tous unanimes pour reconnaître qu'exclure de l'école l'enseignement de la Religion, c'est écarter le *flambeau !* c'est faire une affreuse nuit dans les intelligences, et vouer le cœur humain au déchaînement de toutes les bestialités païennes...

Si ma voix n'a pas, — pour vous, — le retentis-
sement qui se fait entendre.

Ecoutez Platon :

Il vous dira, avec cette autorité qui lui est propre,
« qu'il faut introduire dans le cœur de l'enfant la
plus belle des craintes, la crainte de Dieu, qui exclut
toutes les autres ». Il vous dira que « la seule étude
que l'on puisse admettre dans l'école est celle qui
nous donne de la divinité une idée juste, et nous
rend solidement vertueux. »

Ecoutez l'Aigle de Meaux :

Il vous dira, dans un cri de sa grande âme, qu'il
« faut former le cœur de l'enfant à la piété qui est
tout l'homme. »

Ecoutez Quintillien, ce maître illustre qui fut l'honneur de Rome :

Il vous dira, en son gracieux langage, « que la
sainteté de l'instituteur doit préserver du vice les
tendres années de l'enfance. »

Ecoutez notre sage et incomparable Rollin :

Il vous dira « que le but des travaux du maître
doit être la Religion ; que penser autrement ce serait
se déshonorer et se dégrader au-dessous des païens. »

Ecoutez ce que le gros bon sens, ce que l'instinct de
la conservation sociale arrachait à un scélérat de génie,
Frédéric II, roi de Prusse :

« Depuis le rétablissement de la paix, le véritable
bien être de nos peuples préoccupe tous nos instants.
Or, nous croyons *utile et nécessaire*, — pour le fondement de ce bien-être, — de constituer une instruc-

tion raisonnable autant que chrétienne, pour donner à la jeunesse, avec la crainte de Dieu, les connaissances utiles...

Ecoutez un jeune et hardi conquérant dont le bruit a rempli le monde :

« Il faut, disait Napoléon à M. de Fontanes, il faut me faire des *hommes*... Mais ne croyez pas que l'homme puisse être : *homme* sans Dieu !.... L'homme sans Dieu je l'ai vu à l'œuvre depuis 1793... de cet homme-là, j'en ai assez... Et c'est cet homme-là que vous voudriez faire sortir de vos écoles ?.... Non.., non, pour former l'homme je me mettrais avec Dieu... » Et par le décret qui fondait l'Université, l'empereur imposait, pour base de l'enseignement, les préceptes de la *Religion catholique*.

Portalis ayant demandé, sur les ordres de l'empereur, à tous les conseils généraux un rapport sur l'état de l'instruction, de l'éducation et de la moralité en France, faisait du haut de la tribune, le 15 Germinal, an X, cet aveu mémorable : « Ecoutons la voix de tous les citoyens honnêtes qui ont exprimé un vœu sur ce qui se passe, sous leurs propres yeux, depuis dix ans... Il est temps que les théories se taisent devant les faits. Point d'instruction sans éducation, et point d'éducation sans religion... Les professeurs ont enseigné dans le désert, parce qu'on a proclamé imprudemment qu'il ne fallait point parler de religion dans l'école. L'instruction est nulle depuis dix ans... Les enfants sont sans idées de la divinité, sans notion du juste et de l'injuste... De là, des mœurs *farouches et barbares !* de là un *peuple féroce !* »

Avez-vous entendu, vous qui demandez l'instruction *laïque?* vous qui ne voulez pas qu'on parle de religion en classe?... Eh bien ! de vos écoles — *sans Dieu* — sortiront « des enfants vagabonds, aux *mœurs farouches et barbares;* » des enfants « *débordés en licence,* qui étonneront tout le monde par leurs excentricités, leurs aberrations, leur outrecuidance (1). ». Et les gens sensés se rappelleront cette parole dè Sénèque : « Cette instruction fait des parleurs, des importuns, des présomptueux. » Ou, comme disait Pascal : « Des jeunes gens qui ont quelque teinture de science pleine de suffisance et font les entendus ; mais qui troublent le monde et jugent mal de tout (2) ; des *savantaux* auxquels les lettres ont donné un... *coup de marteau* (3). »

M. Guizot, aussi profond écrivain que célèbre homme d'Etat, disait en 1851 : « Pour que l'instruction soit vraiment *bonne et socialement utile,* il faut qu'elle soit *profondément religieuse...* Si donc le prêtre s'isole de l'instituteur et si l'instituteur ne se regarde pas comme l'auxiliaire du prêtre, la valeur morale de l'école est perdue et elle est près de devenir un danger... La partie scientifique est la moindre de toutes dans l'instruction ; ce qu'il faut, c'est que, l'atmosphère de l'école soit morale et religieuse, et que la Religion plane sur l'enseignement tout entier et s'associe à tous les actes du maître et de l'élève... On le dit tous les jours ; on ne le croit pas assez ; l'instruc-

(1) Montaigne, L. II, ch. XII, p. 286.
(2) Pensées. t. II, p. 181.
(3) Montaigne, L. I, ch. XXIV. 58.

tion n'est rien sans l'éducation. A quoi il faut ajouter : il n'y a pas d'éducation sans religion... L'âme de l'enfant ne se forme et ne se règle qu'en présence du Dieu qui l'a créée et qui la jugera (1). »

Voici M. Cousin, le plus illustre des philosophes et des professeurs de ce siècle, et dont l'autorité, en fait d'éducation, est universellement acclamée. Après avoir étudié l'organisation de l'enseignement à l'étranger, il écrivait à M. de Montalivet, alors ministre de l'instruction publique : « La Religion est, à mes yeux, la base la meilleure et peut-être même la *base unique* de l'instruction populaire... Que vos écoles soient donc *chrétiennes*, qu'elles le soient *profondément...* » Et plus tard à la Chambre des pairs : « L'autorité religieuse doit être représentée d'office dans l'éducation de la jeunesse, tout comme l'autorité civile. Nous ne voulons pas mêler la Religion aux choses de la terre ; mais il est question ici de la chose religieuse elle-même. L'école publique est un sanctuaire ! et la Religion y est au même titre que dans l'Eglise ou le Temple... Je connais un peu l'Europe et, *nulle part*, je n'ai trouvé de bonnes écoles que là où l'enseignement est *profondément religieux...* »

Nous avons trouvé, dans les procès-verbaux de la commission de l'enseignement de 1848, les déclarations suivantes faites par M. Thiers, élu président de cette commission, formée par M. de Falloux :

« Il faut bien regarder avant d'étendre démesuré-

______

(1) Discours à la société d'encouragement des écoles protestantes.

ment partout l'instruction populaire. Ah ! si c'était comme autrefois, si l'école devait être tenue par le curé ou son sacristain, je serais bien loin de m'opposer au développement des écoles... (page 36)... Je ne saurais trop le redire, l'enseignement ne produira de bons résultats que si le clergé obtient une grande part d'influence sur ce même enseignement... (page 37). Notre société est bien malade ; je crains de la voir descendre à rien. Or, le remède le plus efficace serait assurément de confier, autant que possible, l'instruction au clergé... (pages 83 et 84). Mieux vaut l'instituteur *sonneur de cloches* que l'instituteur mathématicien... » Et dans un de ses plus beaux discours, en 1850, il s'écriait: « Oui, l'école ne sera bonne que si elle reste à l'ombre de la *sacristie!...* »

Diderot, l'émule de Voltaire en impiété, eût voté contre l'école *laïque :* La première connaissance nécessaire à la jeunesse, disait-il, doit être la religion, base de la morale. Que la religion soit donc la première leçon de l'école (1) ».

Un de nos plus farouches démocrates, mais à qui la nature a donné des entrailles de père, le trop célèbre Victor Hugo, a dit ceci : « Dieu se trouvant à la fin de tout, n'oublions pas de l'enseigner à tous. Et loin que je veuille proscrire l'enseignement religieux de l'école, il est, selon moi, plus nécessaire qu'il n'a jamais été... » Et dans l'énergie de sa conviction, il a fait entendre cette sentence : « Il faudrait traîner

____

(1) Traité de l'instruction publique.

« devant les tribunaux les parents qui envoient leurs
« enfants aux écoles sur les portes desquelles est
« écrit : *Ici, on n'enseigne pas la religion !!* »

Aujourd'hui, ce n'est plus ainsi : On traîne devant les
juges des Cazot... les pères qui ne les envoient pas !...

Donc : il n'est pas vrai, comme la Révolution veut
le faire croire, « que les catholiques peuvent approu-
« ver un système d'éducation en dehors de la foi ca-
« tholique et de l'autorité de l'Eglise, et qui n'ait
« pour but que la connaissance des choses purément
« naturelles et la vie sociale sur cette terre... » (Pro-
position XL, VIII du Syllabus).

En conséquence :

« Le devoir des familles et du clergé est de combattre l'école où un enseignement religieux ne serait
point donné. » (Victor Cousin).

Ce que nous avons dit jusqu'à présent des écoles *sans
Dieu !* c'est-à-dire : de *l'instruction séparée de la Religion*, suffit pour en tirer les conclusions suivantes,
qui auront désormais la force d'autant d'axiomes ; je
les emprunte à des hommes dont les maximes font
autorité.

Donc : « Pour que l'école soit vraiment bonne et
socialement utile, il faut qu'elle soit *profondément
religieuse...* » (Guizot).

Donc : « L'enseignement ne produira de bons résultats que si le clergé obtient une très grande part d'influence sur cet enseignement... » (M. Thiers).

Donc: « La science séparée de la Religion n'est qu'une aptitude à mal faire... » (Platon).

Donc: « Les talents que l'on cultive sans vertu sont un présent funeste, uniquement propre à donner un plus grand jour aux vices... » (Montesquieu).

Donc: « Des écoles où l'enseignement religieux ne sera pas donné, sortiront des enfants vagabonds, *aux mœurs farouches et barbares!* des enfants *débordés en licence...* » (Portalis et Montaigne).

Donc: « Tout système d'enseignement qui ne reposera pas sur la Religion sera *pernicieux* et versera des *poisons dans l'Etat...* » (De Maistre).

Donc: « A force de multiplier les *écoles laïques et athées*, craignez d'être obligés d'augmenter en proportion les *gendarmes et les geôliers...* » (Emile Olivier).

Donc: « L'éducation sans Dieu est le plus grand crime que l'on puisse commettre ; c'est comme un dessein de faire tomber l'homme à la *bestialité....* » (Laurentie).

Donc: « Il est expérimentalement démontré que l'*athéisme* pratique et la *morale laïque* ne peuvent *logiquement* produire que l'immoralité et le vice... » (Demange).

Aussi « il faudrait traîner devant les tribunaux les parents qui envoient leurs enfants aux écoles sur les portes desquelles sont écrit ces mots: *Ici on n'enseigne pas la religion!!* » (Victor Hugo).

En conséquence:

Ceux qui veulent éloigner de l'école cette grande

force morale qui s'appelle la Religion : la Religion qui est la science, qui est la lumière, qui est la raison, qui est le beau, qui est la vie... Ceux-là, sont des esprits malfaisants, des êtres ayant perdu le bien de l'intelligence, selon le mot de Dante :

«... Le genti doloroso.

Ch'hanno perduto il ben dello'intellecto. »

Ainsi, à tous les points de vue, à tous sans exception, l'enseignement religieux doit être maintenu dans les écoles publiques.

Ceux-là seuls qui veulent frapper de mort la société chrétienne, et faire de la France une *succursale de la Sibérie !* en lui formant « *ce troupeau mi-partie de moutons et de tigres !* » que nous annonce le républicain Lanfray, devraient songer à le bannir des programmes de l'intruction...

Les insensés !... Malheur à eux ! ! ! Ils ne mériteraient pas d'avoir des yeux pour regarder le soleil !

Mais que parlez-vous religion, patriotisme, honnêteté, justice, liberté... à des gens qui ne veulent ni voir ni entendre et qui sont les plus forts ! A des gens, mercenaires affamés ! vendus à une *secte* que l'on trouve partout où il y a l'Eglise à combattre, et dont les membres, liés entre eux par de terribles serments ! semblent n'avoir qu'un objectif : *Etouffer le catholicisme dans la boue et, s'il le faut, dans le sang !*

Comme ces vilaines mouches, quand il y a dans un cloaque quelque vilaine bête à manger ! ils sont faits pour détruire et ils détruiront avec rage, donnant libre cours à la plus violente des haines ! celle des *sectaires*.

Entendez leurs farouches et sinistres projets :

« Plus de loi Falloux, qui introduisit le catéchisme à l'école ! (Tout le bloc maçonnico-juif).

« Le catéchisme est une ordure ! à jeter au fumier ! » (Le Franc-maçon Lenormand, inst. à G...).

« Il est le plus grand obstacle au développement intellectuel des facultés de l'enfant ».

« Un recueil mythologique, démoralisant et abêtissant. Il faut qu'il disparaisse de nos programmes scolaires avec ses fables ; nous le remplacerons par la science humaine et par la raison affranchie (1). »

« J'y ai cherché en vain ce qui correspond à l'amour de la patrie, au respect de la dignité personnelle, au progrès intellectuel... et j'y ai trouvé à foison tout ce qui sert à la servitude (2)... »

« Nous ne voulons plus qu'on enseigne aux enfants un *catéchisme*, issu de je ne sais quelle révélation (3). »

Exclure de l'école le catéchisme, ce vieux bon petit livre, ce manuel incomparable de sûre et vraie morale qui a reçu l'approbation des siècles, qu'ont respecté toutes les révolutions, et qui a forcé l'admiration des ennemis les plus acharnés du christianisme...

Quelle moquerie de Satan ! ! !

« Pour bien élever ma petite fille, disait Diderot à M. de Beauzé, je n'ai pu trouver, après de longues re-

---

(1) Hovelaque, séance du c. m. d. p., août, 1879.
(2) Paul Bert, cité par l'Univ. 17 janv. 1882.
(3) Brelay, député.

cherches, de livre comparable au catéchisme. Oui, ne vous en étonnez pas; je me sers du catéchisme, et je le tiens pour le plus beau traité de pédagogie... Quel plus solide fondement puis-je donner à l'éducation de mon enfant?... »

« Son enseignement, à la fois sublime et familier, rend le chrétien plus savant sur les choses du temps et de l'éternité, sur la métaphysique du ciel et de la terre que ne le furent jamais les philosophes de la Grèce et de Rome. Assurément le Timée de Platon et le douzième livre d'Aristote sont des merveilles; mais je ne pense pas qu'il soit sorti de là un symbole que l'on puisse faire apprendre aux petits enfants. Il n'y a jusqu'ici que la Religion chrétienne qui ait à la fois la somme de saint Thomas et un catéchisme. » (Jules Simon).

Ecoutez un des esprits les plus élevés de la philosophie contemporaine, le sceptique Théodore Jouffroy:

« Il y a un petit livre qu'à l'école ont fait apprendre aux enfants et sur lequel on les interroge à l'église; lisez ce petit livre qui est le catéchisme; vous y trouverez une solution à toutes les questions, à toutes sans exception. Demandez au chrétien qui a lu ce livre d'où vient l'espèce humaine, il le sait; où elle va, il le sait; demandez à ce pauvre enfant du catéchisme, qui de sa vie n'y a songé, pourquoi il est ici-bas et ce qu'il deviendra après sa mort, il vous fera une réponse sublime. Demandez-lui comment le monde a été créé et à quelle fin; pourquoi Dieu y a mis des animaux, des plantes; comment la terre a été peuplée; si c'est par une famille ou par plusieurs ; pourquoi les hommes parlent plusieurs langues ; pourquoi ils souffrent ; pourquoi ils se battent, et comment cela finira, il le sait... Origine du monde, origine de l'espèce, question des races, destinée de l'homme en cette vie et en l'autre ; rapports de l'homme avec Dieu, devoirs de l'homme envers ses semblables ; droits de l'homme sur la création, il n'ignore rien ; et, quand il sera grand, il n'hésitera pas davantage sur le droit naturel, sur le droit politique, sur le droit des gens ; car tout cela découle, comme de soi-même, de l'étude du catéchisme ! »

Sur la fin de sa vie, dans les nombreuses promenades qu'il faisait à Villefort, l'illustre Odilon Barrot ne manquait jamais de s'informer des heures du catéchisme et d'y assister. Un jour, comme un vicaire paraissait un peu intimidé, surpris de la présence de l'homme d'Etat, Odilon Barrot s'approcha et lui dit: « Chaque fois que j'entends réciter ce petit livre, j'apprends toujours quelque chose que je ne connaissais pas, ou que je ne connaissais qu'à moitié, voilà pourquoi, M. le vicaire, j'assiste régulièrement au catéchisme. »

Aussi, n'avons-nous pas été surpris d'entendre de la bouche d'un des jurisconsultes les plus éminents de ce siècle, ces paroles souvent citées depuis : « Après « avoir beaucoup lu, beaucoup étudié, beaucoup vécu... « quand approche le moment de la mort, on reconnaît « que la seule chose vraie, c'est le... catéchisme ! (1) »

(1) Troplong, cité dans l'Education Chrétienne par Mgr Manning.

Eh bien ! pères et mères, qui lisez ceci, oui, c'est ce petit livre qui, dans son langage familier, étonne les plus grands esprits et les plus fières têtes par la profondeur et la sublimité de sa doctrine...

Ce petit livre, dont chaque ligne révèle dans l'intelligence et dans le cœur une abondance d'idées et de sentiments qui dépassent de bien haut toutes les conceptions humaines !

Ce petit livre, qui cache, sous chacun de ses mots, des abîmes d'une efficacité souveraine et toute puissante pour moraliser la jeunesse...

Ce petit livre, enfin, qui donne la solution de toutes les énigmes qui ont si cruellement tourmenté les plus beaux génies de l'antiquité... c'est ce petit livre que l'on ose qualifier de recueil *démoralisant et abêtissant*, et qu'il plaît aux séides du matérialisme ou de la théorie du singe d'écarter de nos écoles, comme un obstacle au développement des facultés de vos enfants ! ! !

Peut-on imaginer, je le demande, une plus cynique et révoltante iniquité?... N'est-ce pas le comble de la déraison?...

Un jour, — pardonnez-moi de ne savoir finir, — on présenta à Massillon, déjà vieux, une jeune enfant de 12 ans, élevée sans Dieu, sans religion, sans croyances à une vie future !... Massillon l'interrogea, puis, se

(1) « Dans ce petit livre, d'un prix si mince, le moindre enfant de village tient, en ses innocentes mains, plus de vérités essentielles que n'en bégayèrent jamais ni Platon ni Pythagore. »

(Bossuet.)

tournant vers les institutrices de l'enfant: « Elle a, dit-il, beaucoup d'*esprit;* mais elle n'a pas le *sens commun!...* donnez lui un *catéchisme* de cinq sous... »
Il était trop tard. Cette enfant s'appela Mme du Deffand. Ce fut la première française ouvertement libertine ! Elle vécut en courtisane et mourut en impie ! ! !

Pères et mères que cet exemple vous serve de leçon.

Cependant,

Il y a quelque chose de plus effrayant encore ! Car, si l'étude de la Religion est d'une absolue nécessité pour résoudre les grands problèmes qui peuvent nous intéresser ici-bas, il n'en est pas moins vrai que l'*ignorance* des vérités qu'elle enseigne est le plus redoutable fléau de la *famille* et de la *société.*

Arrêtons-nous, un instant, à cette conséquence. Elle est trop importante, pour ne pas l'exposer dans tout son jour.

1° Le défaut d'instruction religieuse dans l'éducation de la jeunesse est le plus grand fléau de la société.

> « Tout système d'enseignement qui
> « ne reposera pas sur la Religion sera
> « pernicieux et versera des poisons sur
> « l'Etat. » (J. DE MAISTRE.)

Tous les siècles ont apporté leurs suffrages.

Et si j'interroge la *Raison générale* qui se dégage de la pratique universelle, des leçons terribles de l'expérience, du bon sens populaire, du témoignage des hommes les plus compétents... Elle me répond que l'or-

dre moral et social trouve son plus ferme appui dans la force des *croyances religieuses;* et que, là où ces *croyances sont méconnues ou méprisées,* — là, soufflent les tempêtes qui dévastent et la fureur qui incendie! là se dresse, rugissant de colère, le *monstre!...* le *monstre* qui s'appelle le nombre ; et le nombre c'est la force ; et la force, — sans le contrôle religieux, — c'est la *bête humaine* aux appétits sauvages et aux instincts farouches ; c'est l'*animal* dont parle Montesquieu, l'*animal terrible!* foulant aux pieds les droits les les plus sacrés et les affections les plus chères ; fommentant partout des révolutions et des haines, pour avoir une part dans le *pillage* et les *atrocités...* Entendez-le, dans sa brutale franchise, par la bouche de Pierre Leroux, un libre-penseur de première force:
« Vous m'avez appris que le *Christ* est un imposteur!
« Je ne sais s'il existe un Dieu ! mais je sais que ceux
« qui font la loi n'y croient guère, et la font comme
« s'ils n'y croyaient pas... donc, je veux ma paix sur
« cette terre... Vous avez tout réduit à de l'*or* et à
« du *fumier...* Je veux ma part de cet or et de ce
fumier !!! »

Et d'où viennent, je vous prie, ces audaces téméraires de l'erreur et du mensonge? D'où ces rixes féroces et cette progression incessante de vols, de suicides, d'assassinats, d'appels à la révolte... qui ne se comptent plus?

D'où, ces attentats en tout genre qui débordent sur le monde effrayé, et dont une bouche honnête n'ose parler?...

— D'où ?...

Ah ! c'est un fait d'expérience que de l'oubli ou de l'ignorance des croyances religieuses proviennent les plus déplorables égarements, les crimes les plus atroces, les forfaits les plus inouïs...

Il y a trois siècles, Montaigne disait: « Tout vice vient de l'ignorance !... » Bien longtemps avant Montaigne, le prophète en avait déduit les lamentables conséquences: « La science de Dieu a disparu de la terre... C'est pourquoi la malédiction et le mensonge, et l'homicide, et le vol, et l'adultère, se sont répandus comme d'affreux torrents !... et le sang a touché le sang ! et ceux qui habitent la terre sont dans la consternation... (1) »

La logique le veut et la passion ne tarde pas à l'exiger.

Pareille au champ qui, — faute de culture, — se couvre de ronces et d'épines, l'âme de l'enfant privée de la culture salutaire de la Religion, se revêt d'habitudes grossières qui étouffent insensiblement en elle tous les nobles instincts du bien. Dès lors, entraîné par le poids de la corruption originelle, l'enfant donnera à la nature tout ce qu'elle réclame et se jettera dans de honteux et criminels désordres. Esclave de mille besoins factices, et ne songeant plus qu'à procurer à ses sens la plus grande somme possible de jouissances terrestres, il deviendra...

(1) Osée, chap. IV, V, 1, 2 et 3.

2° L'opprobre et la désolation de sa famille.

De bonne foi, que peut-elle attendre d'un jeune homme élevé dans une *école* où *Dieu* n'est jamais entré ! dans une *école* où l'on a en horreur la *Religion* et ses *ministres* ! dans une école où il n'y a plus ni catéchisme, ni histoire sainte, ni prière, ni rien de tout ce qui prêche le respect, la vertu, le devoir, la justice, l'amour du prochain, l'abnégation personnelle...

J'en appelle à vous-mêmes, intelligents lecteurs, à votre propre jugement ; consultez l'Histoire et répondez.

Ah ! on l'a dit avec beaucoup de raison, vouloir enchaîner un cœur de vingt ans avec des paroles d'hommes, autant vaudrait arrêter, avec des toiles d'araignées, ces chars de feu que la vapeur emporte sur des sillons de fer ! autant vaudrait dire au fiévreux de n'avoir pas la fièvre ! ! !

Seule, la pensée de Dieu, présent partout ! est un frein pour le mal et un stimulant pour le bien... « *Celui* qui veille et qui est saint : *Vigil et sanctus !* » le voilà ! le voilà ! le mot puissant qui fait taire, au bruit des foudres célestes, les vagues déchaînées !...

Dieu !... « Il est là, je le sens, il me voit, il m'écoute... Quelle audace assez folle pour braver sa sainteté, pour désoler son amour, pour s'exposer à sa justice !.. » L'impie lui-même, qui voudrait ne pas le voir, se surprend dans le malheur, à s'écrier : « *Mon Dieu ! Mon Dieu !* »

Philosophez tant qu'il vous plaira, pour commander une chose et en défendre une autre, pour rendre obéissant, vertueux et honnête ; pour régler les pensées, les tendances et les actions de la vie, tous les efforts de la terre sont impuissants, il faut *Dieu*, avec son autorité souveraine ; il faut la *Religion*, avec ses éternelles menaces et ses fortifiantes promesses. « Les lois, disait Napoléon, ne règlent que certaines actions et n'arrêtent que les bras, la Religion seule peut les régler toutes et arrêter les cœurs... »

Mais si on élève l'enfant en dehors de la Religion, si l'enseignement de l'erreur est le seul qui s'adresse à son intelligence, si les vents empestés qui soufflent étouffent dans son âme naissante la voix qui lui parle de Dieu ! Sa vie n'offrira que le spectacle de la corruption et du vice. Et les mœurs corrompues amèneront insensiblement les perversions de la conscience, et les extrêmes négations produiront les suprêmes dépravations...

Faut-il achever le tableau ?...

Il a douze ans..... quinze ans peut-être, que déjà il y a dans lui comme une voix d'enfer qui lui crie : « Lève-toi ! lève-toi !... et grandis vite !!! A toi les plaisirs ! A toi la graisse de la terre !!! »

Vingt ans arrivent...

C'est fait. La barrière est brisée, la digue est rompue... Vérités religieuses, droits acquis, usages traditionnels, son avenir temporel, son sort éternel : rien ne le touche plus ; on dirait un espèce d'être dévoyé à qui l'esprit du mal semble avoir ôté son cœur d'homme pour lui donner un cœur de *bête!* comme autrefois à Nabuchodonosor roi.

Est-ce assez de dégradation?

Non! il descendra plus bas encore; car, a dit un auteur, « à la différence de l'animal, une fois que l'homme n'entend plus la *raison*, il n'entend pas davantage la *nature.* » Et quelques années, quelques mois, quelques jours... après — le remords ayant fait place à une sorte d'insensibilité stupide, — vous n'aurez plus devant vous qu'une victime muette, alourdie, hébétée... Ce sera le fils de *Cham!* le monstre capable de tout oser, même le bouleversement, même la spoliation, même le meurtre!... Et les gens sensés se rappelleront cette parole de Laffitte à Béranger:

« *Quelles canailles, mon ami! quelles canailles! que nos amis de quinze ans!!* »

« Que cette conduite ne vous étonne, s'écriait naguère un de nos plus illustres magistrats; il est tout naturel qu'un jeune homme devenu la proie d'un pareil enseignement (laïque) s'abandonne à sa passion, se baigne même dans le sang, après s'être vautré dans la boue! et qu'une fois dépouillé de tout sentiment religieux, ne devienne, comme disait Montesquieu, cet animal qui ne sent sa liberté que lorsqu'il déchire et dévore! (1) »

Mais, ici, on m'arrête et on me dit:

(1) Me Demange, défenseur de Lebiez et Barré.

Nous enseignerons une morale dans nos *écoles laïques!* Et l'on peut apprendre ailleurs — que dans le « *catéchisme* » — les vertus et les devoirs qui font l'honnête homme (1) et le bon citoyen...

Etrange aberration! erreur la plus profonde! Comment! une morale, une pratique de devoirs, des vertus, une loi sociale... et refuser au législateur souverain toute espèce de droit de contrôle dans la formation, dans l'éducation de la vie humaine?...

Mais c'est une nouveauté, une monstruosité que l'Univers ne connaît pas!

La *morale,* ou la loi qui enseigne le devoir ; la *morale,* ou la loi qui donne une bonne direction à toutes les puissances de l'âme, de l'esprit et du cœur...

La *morale*... si elle est quelque chose, ayant force de prescrire le bien et de défendre le mal, ne peut être que l'écho de la grande voix de Dieu, dont la raison souveraine oblige ou interdit. Voix si puissante qu'elle renverse les cèdres, qu'elle ébranle les montagnes, qu'elle fait mourir sur le sable les flots de l'Océan, et apaise, à son gré, les incendies et les tempêtes!...

Mais si Dieu est mis à la porte de l'école, s'il n'est pour rien dans l'éducation de la jeunesse... la morale ne sera rien non plus ; puisqu'elle n'aura ni base, ni motif, ni sanction... C'est ce que disait Portalis sous une autre forme: « *La morale sans dogme est une*

(1) M. Joseph de Maistre dit, quelque part, qu'ayant été à même d'examiner « l'honnête homme », il n'avait rien trouvé de plus « affreux! »

justice sans tribunaux. » Dès lors, comme à Sparte,
le tout pour l'enfant ce sera de n'être pas pris... Si
Dieu n'est pour rien dans l'éducation de la vie humaine, il n'y aura plus ni bien ni mal, ni juste ni
injuste, ni vrai ni faux. Pourquoi? parce qu'en Dieu
seul se trouve ce qui oblige à tout ; et que c'est uniquement en vertu de la loi que l'on se fait d'obéir
à Dieu, qu'on rend à chacun ce qui lui est dû. » Souvenez-vous, dit le docteur Simon, dans son traité d'hy-
giène, qu'il n'y a pas d'homme sans dignité morale ;
pas de dignité morale sans Religion ; pas de Religion
sans la croix de bois qui sauva le monde. Instruisez-en
la jeunesse. Seule, en effet, la Religion fournit les
moyens de prévenir ou de réprimer les déplorables égarements ; seule, au bruit des foudres divines, elle
peut faire rentrer dans la voie du devoir les passions
déchaînées. Nier cela, ce serait ne tenir aucun compte
de la nature humaine. Aussi :

Tous les esprits sincères et quelque peu expérimen-
tés, qui ont étudié les questions d'instruction, sont
unanimes à reconnaître la nécessité d'unir la Religion
et l'enseignement si l'on veut obtenir l'amélioration
des mœurs.

Et il ne faut certes pas être un profond philosophe
pour voir que *l'athéisme pratique* est la destruction
de toute *morale*, et que la *morale indépendante* est
une hypocrisie ou un mot vide de sens.

Proudhon lui-même, le Jean-Jacques Rousseau du
socialisme, après avoir soutenu que « *Dieu* c'est le
Mal! » et que « *toute religion abrutit l'espèce hu-*

maine! » en vint à conseiller le respect au *Catholi-cisme,* la plus *religieuse des religions.* « La Reli-gion, disait-il encore, est pour l'immense majorité des mortels le *fondement de la morale,* la forteresse des consciences ; et il ne s'est pas trouvé jusqu'à ce jour de nation pour dire : je ferai *mes mœurs...* Je n'ai pas besoin pour cela de l'intervention de l'Être Suprême et je me passerai de Religion (1). »

Le gouvernement que les loges maçonniques ont imposé à la France ! veut faire mentir Proudhon...

Un autre argument invoqué, contre nous, par les illustres maçons de l'œuvre de déchristianisation est celui-ci :

Le *vice et* le *crime* sont le produit de *l'ignorance* ou du *fanatisme religieux...* L'*école* affranchie de toute *superstition* sera un remède contre eux... donc :

Laïcité ! Laïcité !.. hurlent les affreux Messies de l'idée nouvelle ! ! !

Non, mille fois non ! le *vice et* le *crime* ne sont pas le fruit de l'ignorance ou du *fanatisme* religieux... Le *vice* et le *crime* sont, au contraire, le produit de l'*instruction,* lorsqu'elle n'a pas pour base les prin-cipes de la *Religion.*

Et déjà, hélas ! l'expérience nous brûle ! à mesure que l'*école laïque, athée* a supplanté l'*école religieuse* le niveau moral a baissé dans des proportions con-

(1) De la justice dans la Révolution et dans l'Eglise.

sidérables... Les jeunes criminels se sont multipliés à tel point qu'ils encombrent les tribunaux, et ont obligé l'Etat à multiplier les prisons et les colonies pénitentiaires.

Je n'invente pas : les statistiques sont là avec leur brutale éloquence pour constater le fait et l'établir avec la clarté de l'évidence :

Cueillons, en passant, quelques exemples :

A une enquête demandée par l'administration, voici comment répondaient les directeurs des prisons centrales : « En général, les individus qui ont reçu les premiers principes de l'instruction élémentaire, avant d'être condamnés, sont les moins susceptibles d'un véritable amendement ; ceux qui ont poussé leur éducation jusqu'à un certain degré sont, à peu d'exceptions près, totalement incorrigibles ; quant à ceux dont *l'éducation est complète*, ils se font professeurs d'une *science*, celle du *vice!*... Et il résulte de nos statistiques que la *criminalité* augmente en raison directe de *l'instruction...* »

Un médecin en chef du bagne de Toulon, M. Lauvergne, écrivait de son côté : « si vous computez les Annales de la justice criminelle, vous reconnaîtrez que le plus grand nombre des meurtriers, des empoisonneurs, des faussaires... sont des hommes *lettrés!* que les criminels en récidive et incorrigibles sont *lettrés!* que les propagateurs du *vice* et du *crime* dans les villages sont *lettrés...* »

Donc le *crime* et le *vice ne sont pas le* produit de l'ignorance.

Faisons maintenant un peu de statistique :

Avant 1830, il y avait seulement en France un million d'enfants dans les écoles primaires ; tandis qu'il y en a actuellement près de quatre millions... Mais si le *crime* et le *vice* sont le fruit de l'*ignorance*, comme on dit, il devait y avoir à cette époque quatre fois plus de criminels qu'aujourd'hui, puisqu'il y avait quatre fois moins d'instruction... Eh bien ! tandis qu'il n'y avait que cent mille *crimes et délits* en 1830, il y en a aujourd'hui cent septante mille... D'un autre côté, en 1830, il y avait en France, sur cent mille habitants, cinq suicides seulement ; sur cent mille, il y en a aujourd'hui quinze ! c'est à dire trois fois plus..

« *Le crime, dit le* Voltaire, *journal libre-penseur, le crime s'étend de plus en plus, comme une marée montante, dont souvent les flots sont ensanglantés ! C'est ainsi que le nombre des crimes commis par les jeunes gens de 15 à 21 ans s'est élevé, en peu de temps, de 5.900 à 20.480 ! et celui des filles de 15 à 20 ans est passé de 1040 à 2839 !* »

D'autre part, la France, comme chacun sait, est divisée en deux régions bien distinctes :

1o La partie — *Est* — beaucoup plus instruite, mais beaucoup moins *religieuse*... 2o La partie — *Ouest* — plus *ignorante*, mais plus *religieuse*.

Or, d'après les rapports officiels, la partie — *Est*, — plus *instruite*, mais moins *religieuse*, donne en proportion beaucoup plus de *crimes* et *délits* que la partie — *Ouest*, — moins *instruite*, mais plus *religieuse*. Cet argument est sans réplique.

On vante beaucoup l'utilité de l'instruction pour rendre les populations *morales*, écrivaient les *Débats*, en 1842 ; loin de nous d'en combattre les bienfaits, mais l'expérience démontre que, lorsqu'il est isolé, cet élément de civilisation porte peu de fruit. Il faut reconnaître que, toute proportion gardée, le nombre des *accusés instruits* l'emporte de beaucoup sur celui des *illetrés*. »

M. Charles Dupin parle dans le même sens : « Nous sommes bien obligés d'avouer, dit-il, que la complète *ignorance* s'allie à la moindre proportion des *crimes* et des *vices*, et que *l'Université* fournit un contingent de criminels proportionellement plus fort. »

Donc, le *vice* et le *crime* ne sont pas le fruit de *l'ignorance* ou du *fanatisme* religieux, mais de *l'instruction*, lorsqu'elle est séparée de la *religion*.

A ces deux questions :

1º Quelles sont les causes de la criminalité précoce qui augmente chaque année d'une manière effrayante ?

2º Quels sont les moyens les plus efficaces de les combattre ?

Les inspecteurs et directeurs de bagnes, de maisons centrales, de colonies pénitentiaires, où les présidents et membres des sociétés de patronages de jeunes détenus, de jeunes libérés, ou de jeunes gens plus ou moins exposés, quelle que soit la divergence de leurs convictions religieuses et politiques, sont unanimes à reconnaître :

1º Que l'une des principales causes de la criminalité *précoce* et des accroissements effrayants qu'on lui

voit prendre d'une année à la suivante est *l'absence
d'un enseignement religieux suffisant...*

2º Que le seul moyen efficace de ramener dans la
bonne voie les criminels ou d'y maintenir ceux qui
sont exposées à s'en égarer... est une éducation *morale et religieuse...*

Dans les *Leçons sur les prisons*, le docteur Julius,
prussien, ne parle pas autrement que le docteur Lauvergne dans les « *Forçats* »; le baron Charles Daru,
dans « *l'Adoption*, » éducation des enfants pauvres
ou vicieux; Renacle, « *Rapports* sur les prisons du
midi de l'Allemagne; » Marca Christophe, le « *Monde
des coquins* »; Bérenger de l'Institut dans ses « *Rapports. sur les jeunes libérés* » du département de
la Seine; le comte Portalis, sur les jeunes garçons
pauvres de la colonie du « *Petit-Bourg* »; M. De-
metz, sur la colonie de « *Mettray* »; le vicomte
d'Haussonville, « *Rapports de 1874* » sur le régime
des établissements pénitentiaires, etc., etc.

Tous reconnaisent que l'absence d'en enseignement
religieux convenable est la cause de la *criminalité* et
du *vice*, que multiplier les écoles *laïques*, athées, c'est
augmenter en proportion les *gendarmes* et les *géoliers !*

Devant ces faits, tout autre argument devient ce me
semble inutile.

Donc :

Encore un coup, l'instruction n'amène pas du tout
une augmentation de moralité. Ce qui moralise, ce qui
fait l'honnête homme et le bon citoyen, c'est l' « *éducation religieuse.* » En sorte que, bannir de l'école l'en-

seignement de la *Religion*, c'est enlever à l'instruction son meilleur auxiliaire, lui ôter toute efficacité pour le progrès *moral* et *social* de l'humanité ; et, partant, commettre un crime irrémissible contre la patrie et contre le pauvre peuple qui est naïf et sans défense...

Voyez les pays où cette morale soi-disant laïque a pris le dessus, bien que l'instruction y soit prodiguée, les crimes s'y multiplient d'une manière effrayante, et les feuilles publiques nous apportent, chaque jour, le récit d'attentats inouïs, de meurtres atroces, de suicides... qui font trembler l'esprit (1).

Nous empruntons — pour exemple — à la *Gazette d'Auvergne*, du 5 mai 1883, les détails d'un suicide qui a eu lieu à Clermond-Ferrand.

Le jeune homme en question avait à peine 21 ans ; intelligent, très instruit ; mais affectant à l'endroit de la Religion une haine de forcené. Ainsi livré sans défense aux combats de la vie, le jeune étudiant en médecine, n'ayant pas dans le cœur ces convictions religieuses qui sont d'une force puissante contre les adversités, en vint à un dégoût profond de l'existence.... ; et il se dit : Si après la vie, il n'y a plus rien ! pourquoi traînerai-je un boulet comme un forçat plutôt que de rompre la chaîne, afin de rentrer dans le néant !

Le jeune homme ayant donc résolu d'en finir avec la vie, avait écrit, au préalable, son testament dans lequel il déclarait en termes blasphématoires, mourir

____

(1) Dans Paris seulement, les assassinats ont triplé en moins de trois ans.

dans la haine de Dieu, de l'Eglise et de ses ministres.
Cela fait, il avala une certaine quantité de morphine
et attendit. Il était environ six heures du matin ; la
mort ne venait pas. Le malheureux, déjà enfiévré par
le poison, conçoit l'idée de se détacher le cœur ! Il
saisit son scapel, entaille ses chairs ; le sang ruisselle...
Un moment il s'arrête pour écrire ses impressions
sur du papier ; puis il reprend son instrument pour
taillader de nouveau ses chairs autour du cœur qui
est bientôt mis à nu ! ! ! Il s'arrête encore pour écrire
tout ce qu'il éprouve... Enfin, le poison, d'une part,
commence à opérer ; de l'autre, la perte du sang a
affaibli le moribond. C'est alors que, n'y tenant plus,
et trouvant la mort trop lente à venir, d'un coup il se
perce le cœur...

N'est-ce pas horrible ? ? ?

Eh bien ! Voilà cependant où mène cette fameuse
science laïque : au désespoir, à la folie, au suicide !...

Ne nous lassons donc pas de le répéter : beaucoup
de *connaissances,* sans *instruction religieuse,* voilà le
grand péril du moment ! voilà le mal qui peut, hélas ! se résoudre en terribles catastrophes ! Voilà l'é-
tincelle qui allume la foudre...

« Quand la France saura lire, disait Victor Hugo,
ne laissez pas sans direction cette intelligence que
vous aurez développée, ce serait un autre désordre.
L'*ignorance* vaut mieux que la *mauvaise science.* Sou-
venez vous qu'il y a un livre plus philosophique que
le compère Mathieu, plus politique que le Constitu-
tionnel, plus éternel que la Charte de 1830..., c'est

l'*Ecriture Sainte*..., Donnez au peuple qui travaille ou qui souffre, donnez au peuple pour qui ce monde est mauvais, la croyance en un monde meilleur fait pour lui, il sera tranquille, il sera patient ; car la patience est faite d'espérance (1). »

Le philosophe de Genève traitait de fous à battre la campagne, les rêveurs d'une *morale* sans *Religion* pour base et pour sanction. « Philosophe, tes lois « morales sont fort belles ! mais montre-m'en la sanc- « tion. Cesse un peu de battre la campagne, et dis- « moi ce que tu mettras à la place du *Poul Serrho.* » L'âme de l'enfant ne se forme et ne se régle qu'en présence et sous l'empire de Dieu qui l'a créée et qui la jugera ! (2).

Dès lors, et je le répète ici encore, avec une insistance plus forte que jamais, — une éducation qui prétend former, sans le secours de la doctrine et de la morale chrétienne, les esprits et les cœurs des jeunes gens, d'une nature si tendre et si susceptible d'être tournée au mal, doit nécessairement engendrer une race livrée sans frein aux mauvaises passions et à l'orgueil de la raison ; et des générations ainsi élevées ne peuvent que préparer aux familles et à l'E-tat, les plus grandes calamités (2).

A la Religion seule appartient de moraliser, c'est à dire de prévenir ou de réprimer le vice et de rendre meilleur...

(1) Claude Gueux. dernière page.
(2) Guizot.
(3) Lettre de Pie IX à l'évêque de Fribourg.

Tel est l'enseignement de la sagesse antique et moderne.

O vous que le souffle de l'impiété agite et pousse, fiers démocrates, vous qui, pour des préjugés, pour des haines de parti, pour des passions de secte, voulez soustraire la jeunesse aux idées puissantes de la Religion, prenez garde ! songez que « *Toutes les pensées irréligieuses sont des pensées impolitiques et tout attentat contre le Christianisme est un crime contre la société, une blessure faite à la patrie* (1). » Car, l'histoire est là qui l'atteste, la sauvegarde constituée de l'ordre public, la force qui nous défend, la loi qui nous protège..., ce n'est pas le juge de paix, ce n'est pas le gendarme, mais Dieu, le tenant de tout droit et l'aboutissant de tout devoir, mais la Religion, avec ses menaces et ses éternelles promesses...

Terminons ce chapitre par les conseils que nous donnent des philosophes peu suspect de tendresse pour la Religion :

« Chaque père de famille est conjuré de préparer une postérité qui connaisse l'Evangile, de peser les grandes vérités qu'il enseigne et de les graver dans la tête de ses enfants. L'étude de la Religion exige absolument l'attention de tout honnête homme. On est un... *sot !* indigne de vivre, quand l'on traite avec tant d'indifférence et de légèreté la seule chose essentielle ou la Religion (2). »

(1) M. de Fontanes.
(2) Œuvres de Voltaire, édit. de Kel., t. 24, p. 175.

Vous venez d'entendre Voltaire.

Ecoutez Pascal :

« Comment ne pas convenir que la négligence à s'instruire sur un si grand sujet n'est pas supportable? Car il ne s'agit pas d'un intérêt léger, il s'agit de nous-mêmes et de notre *tout*. Le repos dans une telle ignorance religieuse est une chose monstrueuse dont il faut faire sentir toute la stupidité à ceux qui s'en rendent coupables... » Oui, « la première connaissance nécessaire à la jeunesse doit être la Religion... Qu'elle soit donc la première leçon de l'école, la leçon de chaque jour... » (Diderot).

Aussi, « il faudrait traîner devant les tribunaux les pères qui envoient leurs enfants aux écoles sur les portes desquelles est écrit ce mot : *Ici on n'enseigne pas la Religion!* » (Victor Hugo).

Et le *gouvernement*, — qui pose de force cet écriteau sur la porte des écoles ! — où faudra-t-il le traîner???

Où???

Pour le dire, il me faudrait la trique d'un Veuillot ou la plume de l'auteur des *Misérables!!*

CONCLUSION PRATIQUE

DU

GRAND CHAPITRE

Parents chrétiens,

Vous avez bondi, en un sursaut de colère et de révolte ! au récit du crime inepte commis par Soleilland, cet être inhumain, plus rapproché, — par l'âme, — des *carnivores* que des *hommes!*

Pourtant ! ce *monstre* aux attouchements si obscènes ! ne tortura, ne souilla... qu'un *corps* de petite jeune fille : image du premier printemps !...

La *Franc-Maçonnerie Juive,* par les maîtres qu'elle maintient à la tête de nos écoles (1), et par les *Manuels condamnés,* (débordant de diffamations et de calomnies fantaisistes), qu'elle met entre les mains des

---

(1) Il n'est que trop manifeste que si nous avons encore, dans le personnel enseignant. un certain nombre d'instituteurs croyants, ou, tout au moins, respectueux des croyances des autres, nous avons un trop grand nombre de sectaires et de libres-penseurs, outrageant, à tout propos, la religion chrétienne et nos pratiques les plus dignes de respect. En exemple, on pourrait citer l'instituteur de G..., qui appelle le catéchisme : « Une souillure ! »; celui de B..., disant aux enfants : « Ce que vous prêchent les curés, ce sont des *bêtises!* » et un autre : « Le bon Dieu ? c'est un porte-monnaie bien garni ! » etc., etc.

6*

enfants, la *Franc-Maçonnerie juive*, dis-je, torture, souille, empoisonne, tue... des milliers de jeunes *âmes!* vivantes images du Ciel !...

Souvenez-vous donc, pères et mères, souvenez-vous et songez qu'un jour vous rougiriez de honte ! devant vos fils et vos filles, du front baptisé desquels vous n'auriez pas su écarter le *baiser honteux*, le *baiser infâme !* de l'impiété triomphante qui guette ! qui demande...

Vos fils ! pour en faire des apprentis d'irréligion, des sceptiques et des sectaires...

Vos filles ! pour jeter dans leur âme la boue qui doit les troubler...

En conséquence,

Comprenez votre devoir, chefs de famille, et voyez ce que vous avez à faire.

Dieu vous a donné, avec le sceptre de *l'autorité*, la puissance d'élever vos enfants, de leur transmettre l'ensemble des traditions domestiques, traditions qui se composent de croyances et d'espérances communes.

Cette puissance est en vous un droit *inaliénable;* « jusqu'à démonstration évidente d'un enseignement erroné ou d'une incapacité absolue. » Hors ce cas, ni l'enfer ne peut vous l'enlever, ni César se l'approprier... Il vous vient du ciel !... Dès lors, il est *incontestable* et *sacré.*

Incontestable : puisque vous êtes « *Auteur,* » c'est-à-dire « *Père* ». Or, vous n'êtes réellement *père* que par l'éducation de vos enfants, qu'en nourrissant leurs corps de *pain* et leurs âmes de *vérité...*

Sacré : puisque, dans l'ordre de la nature, vous êtes seul le *ministre* de Dieu pour l'enseignement de vos enfants.

Mais que devez-vour leur enseigner?

La lecture, la grammaire, les éléments du calcul, les connaissances en rapport avec leur condition?

A coup sûr, oui... Et si votre fils a une intelligence plus distinguée, s'il a des dispositions pour l'étude des langues anciennes et modernes, des belles-lettres, des sciences, de la poésie... donnez-lui ce que réclame sa capacité...

Mais, parce qu'il n'y aurait, pour lui ni pour vous, aucune dignité à vivre, s'il n'était un brave et honnête jeune homme, hâtez-vous de jeter dans son âme des semences de vertu, afin qu'elles aient le temps de croître avant la saison mauvaise, le temps de prendre assez de force, pour affronter les flots et résister aux tempêtes qui viendront plus tard souffler le feu des passions délétères.

N'oubliez pas que, sans *vertus*, la *science* ne serait qu'une aptitude à *mal faire ;* et que, pour avoir des *vertus*, il faut avoir des *croyances*. Rappelez-vous encore que sur le même arbre, comme l'a dit un auteur, suivant qu'il est planté par la main de Dieu ou par la main de l'homme, croît le poison ou l'antidote, la science du bien ou la science du mal ! et « qu'une famille est un petit vaisseau tenu debout pendant l'orage, par deux ancres : les *mœurs* et la *Religion...* »

C'est le témoignage de l'expérience dans tous les siècles :

Toute famille qui perd la Religion ne peut plus rien perdre : Elle a tout perdu !... « Sans religion, rien, rien ! » s'écriait sur son lit de mort, un célèbre homme d'Etat, Casimir Périer.

Un savant médecin faisait naguère cette suggestive constatation que les pères et mères feraient bien de méditer. C'est que :

1o Sur 342 familles *malheureuses*, il y en a 330 *sans religion ;*

2o Sur 447 jeunes gens qui font le *désespoir* de leur famille, 12 seulement fréquentent l'*église ;*

3o Sur 25 enfants *cruels* envers leurs parents, 24 vivent *sans religion...*

Le mauvais *génie* révolutionnaire ne le comprend pas ainsi. A l'en croire, à l'*Etat seul* appartient le droit d'élever, de former la jeunesse. Mais, une telle doctrine blesse l'instinct suprême de genre humain. Aussi, j'ai beau regarder en moi et autour de moi ; j'ai beau redescendre et remonter les siècles ; j'ai beau méditer les lois divines et humaines, les principes de la raison et de la sagesse pratiques... tout en moi et autour de moi, tout ! depuis l'endroit où le soleil se lève jusqu'à l'endroit où il se couche, tout nous crie qu'au *père seul* appartient le *droit* de faire élever à son image la vie sortie de lui ! tout nous crie que, « si c'est l'*éducation* qui élève l'humanité, c'est la *famille* qui fait l'*éducation* et lui choisit ses *maîtres.*

L'Etat payen, lui-même, n'essaya pas d'empiéter sur le droit du père ; et, dans toute l'antiquité, l'*éducation* fut complètement laissée à la charge et au soin de la famille..

Au gouvernement républicain de la France chrétienne é.ait réservée la .monstrueuse prétention d'élever les enfants dans ses opinions et par des hommes de son *choix!* En vérité, c'est plus que de l'injustice! C'est de toutes les tortures la plus insupportable, la plus cruelle! une spoliation éhontée du bien d'autrui...

Aussi, sur les 60 siècles qu'a vécu le monde, sous aucun gouvernement, et chez aucun peuple,) spectacle aussi écœurant ne s'était vu!

Seuls, le tigre et le serpent s'élancent ainsi, dans l'ombre sur une proie longtemps épiée, longtemps convoitée!!!

En conséquence,

Quand la *Révolution*, cédant à l'aveuglement de sa haine et brûlant du désir d'écraser l'*infâme!* viendra vous dire, en ricanant:

« Père, je suis *César*, dont les arrêts ne sont point sujets à cassation. Votre enfant m'appartient. Au nom d'une *loi* que j'ai faite, je le réclame, comme un butin sur Dieu! Il ne sera pas élevé par le *maître* de vos préférences, parce qu'il a vos *convictions*... Il sera élevé par *celui* de mon choix parce qu'il est... *sans croyances!* »

Vous, père, vous protesterez en invoquant votre *autorité* et en montrant vos *titres*, vos *archives divines!*

Et parce que vous n'êtes pas tenu d'obéir à des ordres qui violent vos droits, ni de courber votre tête d'affranchi du Christ! sous la *tyrannie régnante*, vous répondrez aux Achab de la minute présente, avec Nabath de Zezraël :

« Dieu me garde de livrer l'héritage que j'ai reçu de mes pères ; *Absit ut ego patrum meorum tradam hereditatem !* »

Honte et mépris comme au dernier des êtres ! au père indigne, dénué d'intelligence qui dirait à César : « Prends mon enfant, je ne m'en mêle pas ! ! ! »

Et vous, mères chrétiennes, dites ! si, à la chute du jour, vous entendiez des loups affamés hurler sur le chemin que doivent parcourir vos fils et vos filles, auriez-vous encore l'affreux courage de leur dire : Allez, mes enfants, allez quand même. Arrive que pourra et à la garde de Dieu ? ? ?

Et vous les jetteriez en pâture à ces êtres *inhumains* qui guettent... vos fils : pour en faire des apprentis d'irréligion, des sceptiques et des sectaires ! vos filles : pour jeter dans leurs âmes la boue qui va les troubler ?...

Et vous les enverriez aux descandants de ce classique maître d'école de Véïes qui, pendant le siège de la ville, trompa la confiance des mères en livrant ses élèves à l'ennemi ?...

Non, vous ne le ferez pas !... Vous n'en avez pas le droit... Vous êtes les mères et non les *bourreaux* de vos enfants ! ! !

L'onagre du désert défend ses petits...

O femmes ! femmes !

Vous, que le Christianisme a réhabilitées ; vous, qu'il protège partout où il exerce une salutaire influence ; vous, que l'Eglise entoure de tant de soins ; vous, qu'elle soutient contre les découragements de la terre ! et qui êtes l'objet de sa plus tendre sollicitude...

Je vous félicite... Vous êtes encore l'*honneur* et *l'espoir* de la France chrétienne ! les *anges gardiens* et les *amours* du foyer familial !!!

Mais, en même temps, je vous adjure...

Au nom du Christ qui vous a formées de sa main, rachetées de son sang, enrichies de ses dons ;

Au nom de l'Eglise ! votre patrie du ciel ! au nom de la patrie ! votre Eglise de la derre ;

Pour vos foyers et vos libertés !

Ces petites fleurs de Dieu ! que la divine providence a fait éclore dans vos seins, comme des sourires de son amour ! vous ne les jetterez pas au Dieu Moloch de la *Révolution*... ; vous ne livrerez pas au *Minotaure* le fruit vivant de vos entrailles sans une héroïque résistance.

Dussiez-vous en être punies par l'outrage et l'injure ! subir la proscription et la ruine ! porter vos têtes au fer meurtrier du bourreau !...

Qu'importe ? ? ?

Mieux vaut la mort que l'avilissement : *potius mori quam fœdari !* 1

Après avoir mis dans le corps de votre enfant votre substance et votre lait, vous mettrez encore votre *âme* dans son *âme*, votre *cœur* dans son *cœur*. Coûte que coûte, vous le façonnerez à la plus grande ressemblance avec Notre Seigneur Jésus-Christ...

Et ce sera tant mieux pour vous !

Car, ce faisant,

Vous aurez fait de votre *enfant* un parfait *honnête homme* et un *bon chrétien !* C'est-à-dire un *être raisonnable !* que l'orgueil n'égare pas ; un *être libre !* que les passions ne tyrannisent pas ; un *être grand !* que les épreuves ne brisent pas....Et vous aurez bien mérité de Dieu et des hommes !..

A cette condition seulement vous pourrez vivre dans la douce et sereine possession du vrai, du beau, du bien ! ! ! travailler pour cet au-delà réel et définitif, pour cette *éternité* sans issue, en présence de laquelle les affaires humaines paraissent bien petites, les plaisirs bien courts et la *récompense bien misérable !*

FIN

Gap. Imprimerie & Librairie Alpines, rue Carnot, 13.